Álcoois

Poemas (1898–1913)

Guillaume Apollinaire (Roma, 1880-Paris, 1918), poeta, narrador, dramaturgo e crítico de arte francês, foi um dos líderes das vanguardas em Paris nas duas primeiras décadas do século XX. Publica em 1913 o volume de poemas que todos reconheceriam como sua obra-prima, *Alcools*, um dos mais importantes livros de poesia do modernismo europeu. Trata-se de um conjunto de poemas escritos ao longo dos quinze anos anteriores à publicação e que registram a transição do poeta do paradigma simbolista para aquele que seria conhecido como cubista, exemplificado pelo fundamental "Zone", que abre o livro. Foi também um precursor do poema gráfico que teria grande fortuna no século XX com seu livro *Caligrammes* (1918). Em seu livro *As onze mil varas* parodia o Marquês de Sade e o gênero pornográfico. Organizou a primeira antologia francesa do Marquês de Sade (*L'Œuvre du Marquis de Sade*, pages choisies, introduction, essai bibliographique et notes G. Apollinaire. Paris: Bibliothèque des Curieux, 1909).

Mário Laranjeira, professor aposentado da Faculdade de Filosofia, Letras e Ciências Humanas da Universidade de São Paulo, é Doutor em Letras. Autor de *Poética da tradução* (Edusp, 2003). Em 1997, ganhou o prêmio Jabuti pela tradução de *Poetas de França hoje*. Em 2012 ficou em segundo lugar pela tradução de *Madame Bovary*. Um dos principais tradutores literários de francês em atuação, verteu Baudelaire, Gide, Blaise Pascal e Yves Bonnefoy, entre muitos outros. Atuou como professor visitante em Toulouse, Rennes e Bordeaux, na França. Atualmente dedica-se à redação de uma gramática contrastiva português-francês.

Silvana Vieira da Silva Amorim é professora do Departamento de Letras Modernas da Faculdade de Ciências e Letras da Unesp-Araraquara e autora do livro *Apollinaire – fábula e lírica* (Unesp, 2006).

apollinaire

álcoois

edição bilíngue

tradução **mario laranjeira**

Grafia atualizada segundo o Acordo Ortográfico da Língua Portuguesa de 1990, em vigor no Brasil desde 2009.

Título original

Alcools

Corpo editorial

Adriano Scatolin, Bruno Costa, Caio Gagliardi,
Fábio Mantegari, Iuri Pereira, Jorge Sallum,
Oliver Tolle, Ricardo Musse, Ricardo Valle

Edição Iuri Pereira
Coedição Bruno Costa e Jorge Sallum
Capa Ronaldo Alves
Programação e diagramação em LaTeX Bruno Oliveira
Assistência editorial Bruno Oliveira
Revisão Iuri Pereira

Dados Internacionais de Catalogação na Publicação (CIP)
(Câmara Brasileira do Livro, SP, Brasil)

Apollinaire, Guillaume, 1880–1918.

Álcoois: poemas (1898–1913) / Guillaume Apollinaire; tradução Mário Laranjeira; introdução Silvana Vieira da Silva Amorim. — São Paulo: Hedra, 2013. 348 p.

Edição bilíngue: português/francês.

ISBN 978-85-7715-299-5

1. Poesia francesa. I. Amorim, Silvana Vieira da Silva. II. Título.

12-15701 CDD 841

Índices para catálogo sistemático:
1. Poesia: Literatura francesa 841

EDITORA HEDRA LTDA.
Rua Fradique Coutinho, 1139 (subsolo)
05416-011 São Paulo SP Brasil
+55 11 3097 8304
editora@hedra.com.br
www.hedra.com.br

hedra

São Paulo, 2013

Sumário

INTRODUÇÃO

Guglielmo Alberto Dulcigny, Guillaume Albert Vladimir Alexandre Apollinaire de Kostrowitzky, Wilhelm, Guillaume Macabre, Nyctor, Louise Lalanne, Pascal Hédégat, Merlim, o eremita, o poeta assassinado, o ladrão, o encantador apodrecido, o espreitador melancólico, o combatente de guerra, o romano, o francês, o parisiense, o pintor, Orfeu, o rei Artur, o bancário, o preceptor, o emigrante, o prisioneiro, o apaixonado, o viajante, o saltimbanco, o polvo, o mal-amado, o poeta, Guillaume Apollinaire, Apollinaire... Vários em um só, um em todos, congregando-se em um espaço concomitantemente real e imaginário... O fato de renomear-se, faceta marcante no poeta, indicaria o impulso permanente de recriar-se, de recusar assim suas origens, misteriosas no que concerne ao lado paterno. Sua própria vida e seu pseudônimo já seriam, por assim dizer, uma ficção. Nessa flutuação de suas origens e de seu nome oficial, Apollinaire entrega-se à saga de criar novos nomes e diversos personagens que refletem aspectos vários de sua personalidade e de acontecimentos marcantes de sua vida. Ao afrancesar seu nome e sobrenome, além de homenagear a pátria que escolheu, aproxima-se da figura mitológica de Apolo, o deus-sol, o deus da poesia. É sob as luzes desse deus que Apollinaire vai escrever sua obra, incorporando o caráter imortal e profético de Apolo.

Guillaume Apollinaire (1880-1918) é um marco para a poesia do século XX, e não só para a francesa. Na esteira de Charles Baudelaire, exerceu a modernidade na literatura, foi mentor dos movimentos de vanguarda e criador da palavra *surréalisme*. Atento às rápidas mudanças que o novo ritmo de vida do início do século XX impingia, soube captá-las e transpô-las para sua obra, sem deixar de lado suas raízes simbolistas.

Sua biografia poderia ter sido iniciada pelo ano de 1907, ocasião em que Apollinaire viu, pela primeira vez, o quadro de Picasso *Le demoiselles d'Avignon*, que revolucionou a pintura. O choque que o poeta sentiu ao deparar com a tela deu origem ao poema que abre a coletânea *Alcools* (1913), "Zone", no qual ele ensaia também o que considerou alguns procedimentos cubistas. Apollinaire pôde provar o gosto da surpresa que prega em sua famosa conferência "L'Esprit nouveau et les poètes", proferida anos depois, em 1917.

O contato permanente com os pintores cubistas e com jovens poetas que almejavam uma nova expressão poética dirige-o, entretanto, para os movimentos de vanguarda, dos quais foi mentor, como o futurismo e mesmo o cubismo.

Ao criar a palavra *surréalisme*, estende sua faceta inovadora para além de sua morte. Além disso, a paisagem vertiginosamente mutante do início do século, o desenvolvimento da tecnologia e das ciências, a velocidade empreendida pelo trem, ditam o novo ritmo das cidades. Esse desenvolvimento "de objetos", marca presença constante na obra de Apollinaire e prova que ele é um autor voltado para sua época, sem se desprender do passado. O verso que inicia "Zone" – "*A la fin tu es las de ce monde ancien*" – é prova disso. Porém, o poeta não tem uma atitude radical em relação ao passado, nem quer queimar bibliotecas e execrar autores de outros séculos, como prega Marinetti, o mentor do futurismo. Se há uma palavra para qualificar sua obra, esta seria *equilíbrio*.

Alcools é a obra que ecoa e resume todas as linhas poéticas que Apollinaire traçou e fielmente seguiu. Trata-se também de sua obra mais significativa, mais representativa em relação ao conjunto de seus escritos. É com a publicação dessa coletânea que o poeta inova a lírica, abole a pontuação, exercita o verso livre, chama a atenção para a modernidade do início do século, que tem como personagem principal as cidades, espaço privilegiado das inovações do período. É nela que as relações entre diferentes domínios artísticos, como a pintura e a literatura, começam a germinar. Essas relações são concretizadas nos *Calligrammes*, em que Apollinaire exprime o desejo de unir a forma pictórica à expressão verbal. Lampejos de modernidade, tais como o jogo pronominal que confunde e surpreende o leitor, e também a narração movida pelo fluxo da consciência, são experimentados em *Alcools*. Os preceitos cantados pelas vanguardas e resumidos na conferência "L'Esprit nouveau et les poètes" já aparecem na coletânea. Diante disso, reconhece-se a importância dos poemas que a compõem para a história da lírica moderna e para a própria evolução do poeta.

Nota-se que a repetição de temas, o compromisso estético, cultural e ideológico mantêm-se voltados para uma poesia que Apollinaire pretende que seja eterna, e que, apesar de evidências superficiais, não se atém a contradições e a posições oportunistas e momentâneas que resvalariam em ligações com esta ou aquela tendência.

Sua figura e seu comportamento diante da literatura lembram o deus Jano, de duas faces, uma voltada para o futuro, e a outra para o passado. O poeta, sem perder contato com os antepassados, vislumbra o futuro, a partir de seu presente. Soube, desse modo, conduzir e enriquecer a lírica do início do século XX, apoiando-se na literatura do século anterior.

Sua lírica revela-se nas mais diversas formas, que vão desde o único monóstico de *Alcools*, "Chantre" – "*Et l'unique cordeau des trompettes marines*" – até os revolucionários *calligrammes*, ou, nas próprias palavras do poeta, "*idéogrammes lyriques*". A lírica de Apollinaire faz-se também dos temas recorrentes e caros ao poeta: amores desencantados e sofridos, a morte, a natureza e, sobretudo, o outono. Além destes, como assinalam alguns de seus críticos, o poeta é obcecado pela ambiguidade do verdadeiro e do falso, pela abolição do tempo em uma experiência do eterno. Porém, é a própria figura do poeta que, por meio de sua criação, domina o tempo e o amor.

Um ponto a ser ressaltado no que tange à organização da coletânea *Alcools* refere-se à ordem dos poemas no livro. Se à primeira vista ela parece arbitrária, percebe-se logo, após uma leitura mais atenta, uma espécie de espelho simétrico que organiza a sequência dos poemas, ou de grupos de poemas, em torno de um eixo central. Morhange-Bégué & Lartigue[1] assim demonstram essa organização:

---

[1] *Alcools Apollinaire*. Paris: Hatier, 1991, p. 37.

O longo poema inaugural de *Alcools*, "Zone" (156 versos), alvo de inúmeros estudos, é considerado, ao mesmo tempo, um comentário do fazer poético e um poema lírico, que abre a coletânea com uma proclamação: "*A la fin tu es las de ce monde ancien*". Para Apollinaire, defensor de Marinetti e do futurismo, o esplendor do mundo enriqueceu-se com uma "beleza nova". Paris é o cenário central do poema. A Torre Eiffel, naquele momento símbolo de uma nova era, transforma-se em pastora das pontes que balem na manhã. Os automóveis, hangares de porta-aviões, datilógrafas, sirenes, ônibus, "*la grâce de cette rue industrielle*", o gás, aeroplanos, máquinas em geral misturam-se freneticamente no delírio do poeta, que "viaja" em seus versos até Marselha, Coblence, Praga, Roma e Amsterdã, entre outras cidades. Essa pequena amostra de elementos citadinos em apenas um poema anuncia a poesia da máquina e da cidade moderna, e eles servirão também à formulação de "L'Esprit nouveau et les poètes", frutos da surpresa do autor diante de toda essa evolução e da variedade de novas "atrações" que surgem para o homem do início do século XX.

Neste poema, Apollinaire leva ao extremo a fragmentação e a simultaneidade:

> J'aime la grâce de cette rue industrielle
> Située à Paris entre la me Aumont-Thiéville et l'avenue des Ternes
> D'Afrique arrivent les ibis les flamants les marabouts
> Et d'Amérique vient le petit colibri
> De Chine sont venus les pihis longs et souples
> [. . .]
> Maintenant, tu marches dans Paris tout seul parmi la foule
> Entourée des flammes ferventes Notre-Dame m'a regardé à Chartres
> Le sang de votre Sacré-Coeur m'a inondé à Montmartre
> Maintenant tu es au bord de la Méditerranée
> Tu es dans le jardin d'une auberge aux environs de Prague
> Te voici à Marseille au milieu des pastèques
> Te voici à Coblence à l'hôtel du Géant

Te voici à Rome assis sous un néflier du Japon
Te voici à Amsterdam avec une jeune fille que tu trouves
belle et qui est laide
Tu es à Paris chez le juge d'instruction
[...]

Tu as fait de douloureux et de joyeux voyages.[2]

Nessa sequência fragmentada, observam-se ao mesmo tempo a simultaneidade e a desconstrução, a decomposição do espaço da cidade, uma visão cubista e futurista, uma das características da lírica contemporânea. Na verdade, todos os espaços que aparecem nomeados em "Zone" nada mais são do que a tradução de um "cenário simultâneo de um único evento exterior e interior".[3] Mesmo se os momentos líricos ocupam um espaço considerável no poema, ainda assim podem ser encontradas nele características fabulares, de narrativa, quando, por exemplo, o poeta compara a Torre Eiffel a uma pastora, ou quando vê em Paris rodarem "*Des troupeaux d'autobus mugissants près de toi*".[4]

O poema remete a fatos da vida do poeta, como o rompimento com Marie Laurencin e a prisão equivocada à qual Apollinaire foi submetido. Traços modernos compõem essa nova lírica, como a ambiguidade, o jogo entre o *je* e o *tu* que designam alternadamente o poeta, épocas diferentes justapostas. Esses expedientes dão ao poema uma visão à distância do eu poético, que narra, do presente, os fatos vividos no passado. A fabulação também surge desse jogo: o poeta, em uma manhã, andando pela cidade de Paris, apresenta o que vê e faz associações com o pensamento, com a memória, que misturam ao presente fatos vividos em outros momentos e em outros locais. Desse modo, o que se tem é uma narrativa interior, que contrasta com a exterior e com ela se entrelaça. O que há de diferente nesse novo tipo de fabulação é o forte traço de modernidade desse procedimento, isto é, a fábula é reconstituída costurando-se os fragmentos, gerando então uma espécie de narração interior, tão entrecortada quanto a própria memória. Além disso, corroborando o primeiro verso de "Zone" – "*A la fin tu es las de ce monde ancien*"

---

[2] Apollinaire, *Oeuvres complètes*. Paris: Gallimard, 1994a, pp. 40-42 (Pléiade).

[3] Hugo Friedrich, *Estrutura da lírica moderna*. São Paulo: Duas Cidades, 1978, p. 203.

[4] Apollinaire, *Oeuvres complètes*, op. cit., p. 41 (Pléiade).

–, Apollinaire dá nova roupagem aos mitos antigos, mesclando-os a mitos modernos. É evidente que os mitos modernos têm sua origem na mitologia antiga, e sua origem é de extrema importância. Mircea Eliade[5] assinala que cartazes rasgados, telas em branco, vazias, queimadas, objetos de arte insólitos possuem uma significação de origem mítica, e Apollinaire soube ver essa relação e usá-la em seus poemas. Esse procedimento resgata o passado e, ao mesmo tempo, reveste o presente com novas características, como se registra nos seguintes versos:

> La religion seule est restée toute neuve la religion
> Est restée simple comme les hangars de Port-Aviation
> Cest le Christ qui monte au ciel mieux que les aviateurs
> Il detient le record du monde pour la hauteur
> Icare Enoch Elie Apollonius de Thyane
> Flottent autour du premier aéroplane.[6]

Essas insólitas aproximações tem seu ápice quase no final do poema, momento em que Apollinaire compara o Cristo aos fetiches da Oceania e da Guiné, criando um sincretismo interessante:

> Tu marches vers Auteuil tu veux aller chez toi à pied
> Dormir parmi tes fétiches d'Océanie et de Guinée
> Ils sont des Christ d'une forme et d'une autre croyance
> Ce sont les Christ inférieurs des obscures espérances.[7]

Assim, é relevante dizer que, em "Zone", considerado um poema-símbolo da modernidade – e não é sem razão que ele abre a coletânea mais importante de Apollinaire –, traços de narratividade e de fabulação aparecem igualmente.

A ausência total de pontuação sugere várias formas de leitura, diversas entonações, características estas da fala, do discurso oral, da narrativa, ou seja, do mito e da própria fábula, de outro aspecto da fabulação. Quase sempre há uma história a ser contada e um narrador que, consequentemente, vai exercer esse papel. Registra-se, portanto, a inegável importância da presença da narrativa na lírica de Apollinaire, já esboçada nos poemas do *Bestiaire* e nos *Poèmes à Lou*. Dessa forma, com a sabedoria de quem conseguiu aliar

---

[5] *Aspects du mythe*. Paris: Gallimard, 1978, pp. 228-29.
[6] Apollinaire, *Oeuvres complètes*, op. cit., pp. 39-40 (Pléiade).
[7] Ibid., p. 44.

passado e presente, Apollinaire usufruiu ao máximo do espírito inovador e libertário de sua época, que ele ajudou a criar.

No caso de Apollinaire, as origens simbolistas e a descoberta do *esprit nouveau*, cujo objetivo era também causar surpresa ao leitor, seguindo assim na esteira das características líricas modernas, vieram trazer o bom senso e o equilíbrio necessários a uma produção poética multifacetada e de qualidade invejável. Impelido pela vibração que o início do novo século trazia, pleno de descobertas tecnológicas e impulsionado por uma velocidade jamais alcançada antes (do trem, por exemplo), e impressionado com a paisagem em movimento por ela distorcida, Apollinaire vai traçar os rumos de sua lírica, tentando reproduzir o fascinante mundo novo e rápido que o período lhe oferecia. A nova realidade, regada de dinamismo, traz à tona conceitos como a fragmentação e a simultaneidade, com os quais Apollinaire vai trabalhar em seus poemas e, também, desenvolver teorias que englobam outras artes, como a pintura. Todos esses traços serão encontrados em *Alcools*.

Em *Les peintres cubistes*, o poeta discorre sobre essa nova faceta da pintura e da qual Picasso foi o grande realizador, o cubismo. Para Apollinaire, "o que diferencia o cubismo da pintura antiga é que ele não é uma arte de imitação, mas uma arte de concepção que tende a elevar-se até a criação".[8] Em "Zone", todo esse deslumbramento pelo novo vem à tona. Essa escolha vem sobretudo ao encontro do espírito novo proclamado pelo poeta que, sem perder o foco do passado, adota atitudes vanguardistas, pois, afinal, ele está "*las de ce monde ancien*". Entretanto, é também por meio de mitos antigos que Apollinaire tenta expressar as novidades do futurismo e da "beleza nova" que proclamava. Ao leitor, resta a sensação de anormalidade, uma impressão de estranheza, que só poderá decifrar em um segundo momento. Contudo, ao poeta, é essa primeira sensação a mais importante, isto é, o deslocamento primeiro sentido pelo leitor.

Os "detritos das grandes cidades", que Apollinaire soube tão bem condensar em "Zone", os fragmentos do mundo real, são reelaborados, formando figuras que não se ajustam mais, com fendas profundas que a poesia não quer calcificar, mas sim aprofundar. A

---

[8] *Oeuvres complètes en prose* II, org. P. Caizergues e M. Décaudin. Paris: Gallimard, 1991, p. 16 (Pléiade).

questão da fragmentação é aqui retomada várias vezes porque envolve outras tensões da lírica moderna, estendida a outras expressões artísticas, bem entendido, como o fato de a fantasia decompor e recompor o real, a seu gosto; isso cria um novo mundo muito particular, com espaço e tempo abolidos, tendo também como ponte o simultaneísmo, invertendo a ordem de todas as coisas. Metáforas cada vez mais ousadas, que criam ligações antes impensáveis e que tentam transformar esse mundo especial, são criadas, combinações desconcertantes chegam ao ponto de o completamente distinto tornar-se idêntico. A concisão máxima torna-se qualidade de bons versos, causando estranhamento; o "*soleil cou coupé*" que fecha "Zone" é prova desse efeito. Dessa forma, à realidade desmembrada ou dilacerada pela violência da fantasia jaz na poesia como campo de ruínas. Acima deste encontram-se irrealidades forçadas, mas ruínas e irrealidades encerram o mistério e, por este, os poetas líricos compõem versos... Os poetas estão sós com a linguagem. Mas também só a linguagem pode salvá-los".[9] Apollinaire, homem à frente do seu tempo e poeta de sentidos aguçados, soube captar todos esses fenômenos e trabalhá-los a serviço da lírica moderna.

Em "Le voyageur", por exemplo, Apollinaire utiliza a técnica da montagem, empregando aí versos de poemas inacabados, como "*Un oiseau langoureux et toujours irrité*", retirado de outra coletânea, *Le guetteur mélancolique*. Outro recurso moderno empregado no poema é o de resumir os versos anteriormente escritos, limitando-os apenas às palavras principais, como em "*Vagues poissons arqués fleurs surmarines*", antecipando um dos preceitos contidos no "Manifeste technique de la littérature futuriste". Esses procedimentos dão a "Le voyageur" um caráter fragmentário; a viagem do herói pode ser desmontada em várias partes independentes, o que revela concomitantemente o modernismo do poema, a influência do "impressionismo cosmopolita" dos futuristas e até de Blaise Cendrars e sua *Prose du Transsibérien*. Ao introduzir essas inovações, Apollinaire, além de antecipar conceitos futuristas, faz o mesmo em relação às teorias de Delaunay sobre o simultaneísmo, as duas fontes indicadas com frequência para o modernismo de Apollinaire.[10] Esse mesmo simultaneísmo, cultuado pelos pintores cubistas, encontrará

[9] Friedrich, op. cit., p. 211.

[10] Lockerbie, *Alcools et le symbolisme*. Paris: Revue de Lettres Modernes, 1963, p. 31.

grande campo de atuação nos caligramas apollinairianos. Eles devem ser lidos de várias maneiras diferentes e simultâneas pelo leitor, pedindo-lhe assim uma nova postura, na qual vários sentidos são utilizados ao mesmo tempo, materializando a linguagem. O fato de o poeta utilizar técnicas que só seriam teorizadas anos depois relativiza a importância dessas mesmas influências sobre sua obra; elas vieram apenas reforçar as ideias de Apollinaire concernentes ao novo lirismo que surgia. Marcel Raymond[11] chama-o de poeta profético, cujo modernismo orientou a poesia pós-*Alcools*. O que se verifica é que "Le voyageur" demonstra que o espírito vanguardista e moderno, isto é, o espírito novo, já estava implícito na obra de Apollinaire bem antes de ser teorizado por ele e, mais tarde, por Marinetti e seus partidários.

Pode-se concluir que, em sua obra poética, Apollinaire soube congregar os grãos de modernidade que seus antecessores, Baudelaire e Rimbaud, lançaram na literatura. A eles, acrescentou os lampejos da modernidade das vanguardas que ajudou a construir, aliando-os à velocidade e à tecnologia que sua época e a paisagem do momento lhe ofereciam. Todo esse contexto foi captado pelo poeta e transportado para sua poesia, devidamente regado por um lirismo bem particular, salpicado de fábula. O tema principal que desenvolveu em sua obra foi o *eu*, sua herança romântica. Dos simbolistas, cultivou a obscuridade, o fascínio pela mitologia e pelo antigo, apesar de proclamar seu cansaço em relação ao mundo antigo... Paralela e paradoxalmente a essa proclamação, dizia viver na época em que findavam os reis. Seu olhar "corajoso", para usar aqui as próprias palavras do poeta, esteve, ao mesmo tempo, voltado para o passado, focado no presente, sem perder de vista o futuro. As imagens fragmentadas, simultâneas ou coladas retratavam o passado, a memória, suas lembranças entrecortadas e guiadas – ou desviadas – pelo fluxo da consciência. Assim, abarca a união do antigo e do novo sem detrimento de nenhum desses universos. Ao conseguir criar tão frágil equilíbrio, por meio da imaginação sem freios, das palavras em liberdade, da junção de artes diversas, em uma simbiose inusitada, Apollinaire cria uma nova forma de expressão que guiará toda a lírica que virá depois dele: torna-se tarefa difícil, para não dizer impossível, falar de modernidade e de lírica do século XX sem citar o nome de Guillaume Apollinaire.

---

[11] *De Baudelaire au surréalisme*. Paris: José Corti, 1966, p. 234.

Assim, ruptura e tradição, lírica e fábula, circularidade e simultaneidade, ambiguidade e fragmentação, passado e futuro, amor e desencanto, morte e vida entrelaçam-se na obra apollinairiana, demonstrando toda a verve criativa do poeta-polvo, que usou a expressão de seus sentimentos também a serviço da história da lírica moderna.

Graça Aranha (1868-1931), aposenta-se como Ministro Plenipotenciário em 1914 e regressa ao Brasil, vindo da Holanda. Embora mais conhecido por seu romance *Canaã* (1902), em 1921 promove a Semana de Arte Moderna, em São Paulo, durante a qual profere a conferência intitulada "A emoção estética na arte moderna". Mais tarde, em 1924, profere a conferência "O espírito moderno", na Academia Brasileira de Letras, propondo sua reforma, que foi, evidentemente, rejeitada. Assim, vários pontos de contato com o *Esprit nouveau* de Apollinaire, que só foi publicado no Brasil em 1958, no *Jornal do Brasil*, como texto teórico do cubismo, podem ser notados já a partir do título da conferência de Aranha e, evidentemente, no interior do texto, como, por exemplo, o conceito romântico de gênio, presente também em Baudelaire, e a analogia entre várias artes, a estética e a exacerbação dos sentidos. Todos esses conceitos libertários em relação ao ato criador vêm de encontro às ideias cheias de disciplina contidas na Academia. Percebe-se também, no texto de Graça Aranha, uma nebulosidade própria ao início do movimento, uma profusão de ideias e conceitos ainda não muito bem definidos. É no início do texto que se lê: "Tudo é móvel, tudo se esvai, e tudo se transforma. O espírito moderno é uma abstração. No momento em que o definimos e o captamos, entrou no passado. Os efêmeros humanos sentem esta impossibilidade absoluta, mas persistem fatalmente em buscar na mobilidade a eternidade".[12] Soa estranho o próprio Apollinaire ser citado de maneira "negativa" por Aranha:

> A poesia não se emancipou do sentimentalismo mesmo nos poemas de um Apollinaire e de seus epígonos, Cocteau, Cendrars, Ivan Goll e outros. Parece que há uma lei de constância lírica, que mantém o estado subjetivo nos artistas mais livres. É estranho como nesses poetas toda a arte está em função do eu, e eles exprimem o irremediável dualismo, e raro fundem o sujeito pensante no objeto

[12] Apud Gilberto Mendonça Teles. *Vanguarda europeia e modernismo brasileiro*. Petrópolis: Vozes, 1983, p. 311.

> pensado. A objeção fácil de que toda a visão, toda a sensação do mundo é subjetiva e de que a arte não pode ser independente do eu, do sujeito que a exprime, está prevista e repelida na síntese, que leva o espírito humano a sentir-se um com todas as coisas, a abolir o próprio eu para exprimir a vida, a ação dos objetos, movidos pelas suas próprias forças e nesse dinamismo realizar a emoção estética, que nos funde no Universo. E o espírito humano também se percebe como um objeto não sentimental, passivo ou contemplativo, mas dinâmico, uma força viva, atuada pelas suas próprias forças, um efêmero entre as coisas efêmeras, uma expressão dinâmica da natureza sem outra finalidade, que não seja a finalidade estética.[13]

Esses comentários teriam provavelmente a intenção de reforçar a ideia de nacionalismo, também presente em Apollinaire, afastando assim qualquer indício de alguma influência estrangeira, proposta modernista além de, evidentemente, abrir trincheiras contra o subjetivismo cantado pelos românticos e seguido pelos parnasianos. O universalismo de toda e qualquer arte é também uma bandeira levantada por Apollinaire e por Aranha. Apollinaire, como já se viu aqui, não desdenhava totalmente o passado e os clássicos, pelo contrário, buscava um equilíbrio entre o moderno e o antigo, por assim dizer. Percebe-se que esses conceitos estão presentes no texto do brasileiro, embora ataque a Academia. O nacionalismo apregoado pelo poeta francês encontra ecos no texto de Aranha, que começava a repudiar as influências dos movimentos europeus, principalmente o futurismo. Lê-se no texto do brasileiro: "A cultura europeia deve servir não para prolongar a Europa, não para obra de imitação, sim como instrumento para criar coisa nova com os elementos, que vêm da terra, das gentes, da própria selvageria inicial e persistente".[14] Trata-se aqui de um importante ponto de contato entre o modernismo brasileiro e as vanguardas europeias, que vai desde o repúdio às formas convencionais da poesia ditadas, em última instância, pelo parnasianismo, até a questão de uma identidade nacional que passaria pelo cultural e pelo político. Apenas para ilustrar, pode-se pensar imediatamente no célebre poema de Oswald de Andrade, "Pronominais":

---

[13] Ibid., pp. 312-13.
[14] Ibid., p. 319.

Dê-me um cigarro
Diz a gramática

[...].
Mas o bom negro e o bom branco
Da Nação Brasileira
Dizem todos os dias
Deixa disso, camarada,
Me dá um cigarro.

O marasmo em que as artes em geral e a literatura em particular viviam no começo do século XX no Brasil foram terreno fértil para a "infiltração", digamos assim, de novas teorias e ideias vindas do outro lado do oceano. Em um certo trecho dos escritos de Aranha, vê-se claramente a teoria cubista contida no texto de Apollinaire: "Se quebrarmos por um instante a unidade da arte, vemos que a pintura tem os seus elementos essenciais na forma e na cor, a escultura na forma, na luz, no movimento, a arquitetura na forma, na luz, na estabilidade das massas, que sugere movimento".[15] A noção de equilíbrio, cantada pelo francês, aparece igualmente em Aranha, logo na sequência:

> A obra de arte é tanto mais profunda e mais equilibrada quanto mais predominam os elementos gerais e universais. Se o artista despreza ou não possui a emoção profunda que lhe vem dos elementos essenciais da arte, e se preocupa com o assunto, a anedota, e dela faz o centro de sua obra de arte, esta é inexistente esteticamente. Se o artista exagera a sensação de um desses elementos, se por exemplo na pintura realiza a cor abolindo a forma, sem compreender que a cor é um volume e a luz é outro, exagero em que caíram os últimos impressionistas, a obra de arte é falsa. [...] O cubismo veio como uma reação contra o exagero impressionista.[16]

Mais adiante, Aranha louva ainda mais o movimento pictórico de eleição de Apollinaire:

> Para atingir a síntese, o cubismo libertou a arte da tirania dos sentidos [vide impressionismo] e deu-lhe uma preeminência espiritual.

---

[15] Ibid., p. 313.
[16] Ibid., pp. 313-14.

> Um dos teóricos da doutrina dogmatizou: "*Les sens déforment, l'esprit forme*". A pintura sensorial é passageira e errônea, porque os artistas só veem nos objetos os fatos simples, vulgares, ao passo que o artista cubista considera o objeto e o seu conjunto como fatos artísticos.[17]

Assim como Apollinaire, Graça Aranha vê uma interrelação entre a pintura e as letras: "Esta operação sintética da arte [cubista] é a mesma na linguagem, que na palavra dá a essência, a vida geral dos objetos da mesma ordem, eliminando os seus caracteres particulares, os fatos simples e vulgares, para fixar a ideia sintética".[18] Sabe-se que muitas das composições poéticas do francês foram denominadas "composições cubistas", por sua natureza híbrida e fragmentária.

Ainda segundo Mendonça Teles,

> entre as duas vertentes vanguardistas surge (ou ressurge) a tendência clássica do *L'Esprit nouveau*, mais construtiva que destruidora e que vai, mais de perto, influenciar as primeiras teorias do modernismo de Mário de Andrade. Mas o 'espírito novo' é também uma tendência redutora da realidade e é dele que provém a dialética universalismo/ nacionalismo que vai repartir os grupos modernistas, e até geograficamente, como é o caso dos modernistas do Rio de Janeiro e os de São Paulo.[19]

As máquinas modernas de "Zone", que atordoavam o poeta francês, também marcam presença no texto de Aranha: "Hoje, o vapor, o avião, o automóvel têm a sua forma própria e modelar. Assim será a obra de arte, que a cultura liberta da imitação da natureza para dar-lhe forma artística, forma espitirual, peculiar, como um organismo novo, vindo da força criadora do homem".[20] Graça Aranha termina seu manifesto com as seguintes palavras: "Recolho a língua do meu povo e transformo a sua poesia em poesia universal. Faço da minha atualidade a forja do Futuro",[21] ao que ecoa Apollinaire, que, nesse momento, cito em português: "Os prodígios falarão [dos

[17] Ibid., p. 314.
[18] Ibid.
[19] Ibid., p. 8.
[20] Ibid., p. 317.
[21] Ibid., p. 325.

poetas] e o espírito novo, que enche de vida o universo, se manifestará formidavelmente nas letras, nas artes e em todas as coisas que conhecemos".[22]

Percebe-se então que nosso modernismo em muito se baseou nas ideias e nas teorias europeias, e que Graça Aranha, bem como Mário de Andrade, beberam nos manifestos e nas conferências do francês Guillaume Apollinaire. Essa atitude não os exime de um nacionalismo e de um radicalismo que viria um pouco mais tarde, em 1926, com *Losango cáqui*, de Mário de Andrade, e não em 1922, com a tão exaltada Semana de Arte Moderna.

Leitura certa dos modernistas brasileiros, Apollinaire foi e é igualmente importante para os poetas do Hemisfério Sul e, nos meios acadêmicos, fundamental para a compreensão da literatura dos séculos passado e atual. Afinal, Guglielmo Alberto Dulcigny, Guillaume Albert Vladimir Alexandre Apollinaire de Kostrowitzky, Wilhelm, Guillaume Macabre, Nyctor, Louise Lalanne, Pascal Hédégat, Merlim, o eremita, o poeta assassinado, o ladrão, o encantado apodrecido, o espreitador melancólico, o combatente de guerra, o romano, o francês, o parisiense, o pintor, Orfeu, o rei Artur, o bancário, o preceptor, o emigrante, o prisioneiro, o apaixonado, o viajante, o saltimbanco, o polvo, o mal-amado, o poeta, Guillaume Apollinaire, Apollinaire convergem para pontuar um marco na história da poesia moderna.

---

[22] Ibid., p. 166.

Álcoois
Poemas (1898–1913)

ZONE

A la fin tu es las de ce monde ancien

Bergère ô tour Eiffel le troupeau des ponts bêle ce matin

Tu en as assez de vivre dans l'antiquité grecque et romaine

Ici même les automobiles ont l'air d'être anciennes
La religion seule est restée toute neuve la religion
Est restée simple comme les hangars de Port-Aviation

Seul en Europe tu n'es pas antique ô Christianisme
L'Européen le plus moderne c'est vous Pape Pie X
Et toi que les fenêtres observent la honte te retient
D'entrer dans une église et de t'y confesser ce matin
Tu lis les prospectus les catalogues les affiches qui chantent tout haut

ZONA

No fim estás lasso deste mundo antigo

Pastora ó torre Eiffel o rebanho das pontes bale esta ma-
nhã

Estás farta de viver na antiguidade grega e romana

Aqui até os automóveis parecem ser antigos
A religião apenas permaneceu nova a religião
Permaneceu simples como os hangares de Porto-Aviação

Só tu na Europa não és antigo ó Cristianismo
O europeu mais moderno é o Papa Pio X
E tu que as janelas observam a vergonha te retém
De entrar numa igreja e de nela te confessares esta ma-
nhã
Tu lês os prospectos os catálogos os cartazes que cantam
bem alto

Voilà la poésie ce matin et pour la prose il y a les journaux
Il y a les livraisons à 25 centimes pleines d'aventures policières
Portraits des grands hommes et mille titres divers

J'ai vu ce matin une jolie rue dont j'ai oublié le nom
Neuve et propre du soleil elle était le clairon
Les directeurs les ouvriers et les belles sténo-dactylographes
Du lundi matin au samedi soir quatre fois par jour y passent
Le matin par trois fois la sirène y gémit
Une cloche rageuse y aboie vers midi
Les inscriptions des enseignes et des murailles
Les plaques les avis à la façon des perroquets criaillent
J'aime la grâce de cette rue industrielle
Située à Paris entre la rue Aumont-Thiéville et l'avenue des Ternes
Voilà la jeune rue et tu n'es encore qu'un petit enfant
Ta mère ne t'habille que de bleu et de blanc
Tu es très pieux et avec le plus ancien de tes camarades René Dalize
Vous n'aimez rien tant que les pompes de l'Église
Il est neuf heures le gaz est baissé tout bleu vous sortez du dortoir en cachette

Aí está a poesia esta manhã e para a prosa há os jornais
Há as entregas a 25 centavos cheias de aventuras policiais
Retratos dos grandes homens e mil títulos diversos

Vi hoje de manhã uma bela rua de cujo nome me esqueci
Nova e limpa do sol ela era o clarim
Os diretores dos operários e as belas esteno-datilógrafas
Da segunda de manhã ao sábado à noite quatro vezes por dia por ali passam
De manhã por três vezes a sirene ali geme
Um sino raivoso late ali pelo meio-dia
As inscrições dos letreiros e das muralhas
As placas os avisos à maneira de papagaios gritam
Gosto da graça dessa rua industrial
Situada em Paris entre a rua Aumont-Thieville e a avenida des Ternes
Aí está a jovem rua e tu ainda não és senão uma criancinha
Tua mãe só te veste de azul e de branco
És muito piedoso e com o mais antigo dos teus colegas René Dalize
Não gostais de nada tanto quanto das pompas da Igreja
São nove horas e o gás baixou bem azul vós saís da calçada às escondidas

Vous priez toute la nuit dans la chapelle du collège
Tandis qu'éternelle et adorable profondeur améthyste
Tourne à jamais la flamboyante gloire du Christ
C'est le beau lys que tous nous cultivons
C'est la torche aux cheveux roux que n'éteint pas le vent
C'est le fils pâle et vermeil de la douloureuse mère
C'est l'arbre toujours touffu de toutes les prières
C'est la double potence de l'honneur et de l'éternité
C'est l'étoile à six branches
C'est Dieu qui meurt le vendredi et ressuscite le dimanche
C'est le Christ qui monte au ciel mieux que les aviateurs
Il détient le record du monde pour la hauteur
Pupille Christ de l'œil
Vingtième pupille des siècles il sait y faire
Et changé en oiseau ce siècle comme Jésus monte dans l'air
Les diables dans les abîmes lèvent la tête pour le regarder
Ils disent qu'il imite Simon Mage en Judée
Ils crient s'il sait voler qu'on l'appelle voleur
Les anges voltigent autour du joli voltigeur
Icare Énoch Élie Apollonius de Thyane
Flottent autour du premier aéroplane
Ils s'écartent parfois pour laisser passer ceux que

Rezais a noite toda na capela do colégio
Enquanto a eterna e adorável profundeza ametista
Gira para sempre a flamejante glória do Cristo
É o lindo lírio que nós todos cultivamos
É a tocha de cabelos ruivos a que não apaga o vento
É o filho pálido e vermelho da mãe dolorosa
É a árvore de todas as orações sempre frondosa
É o duplo cadafalso da honra e da eternidade
É a estrela de seis pontas
É Deus que morre na sexta-feira e ressuscita no domingo
É o Cristo que sobe ao céu melhor que os aviadores
Ele detém o recorde do mundo em altura
Pupila Cristo do olho
Vigésima pupila dos séculos ele sabe como lidar
E virando passarinho este século como Jesus sobe no ar
Os diabos nos abismos levantam a cabeça para vê-lo
Eles dizem que Simão Mago na Judeia toma por modelo
Gritam se sabe saltar é um salteador
Os anjos adejam em torno do belo adejador
Ícaro Enoc Elias Apolônio de Tiana
Flutuam ao redor do primeiro aeroplano
Afastam-se por vezes para deixar aqueles a que

transporte la Sainte-Eucharistie
Ces prêtres qui montent éternellement en élevant l'hostie
L'avion se pose enfin sans refermer les ailes
Le ciel s'emplit alors de millions d'hirondelles
A tire d'aile viennent les corbeaux les faucons les hiboux
D'Afrique arrivent les ibis les flamands les marabouts
L'oiseau Roc célébré par les conteurs et les poètes
Plane tenant dans les serres le crâne d'Adam la première tête
L'aigle fond de l'horizon en poussant un grand cri
Et d'Amérique vient le petit colibri
De Chine sont venus les pihis longs et souples
Qui n'ont qu'une seule aile et qui volent par couples
Puis voici la colombe esprit immaculé
Qu'escortent l'oiseau-lyre et le paon ocellé
Le phénix ce bûcher qui soi-même s'engendre
Un instant voile tout de son ardente cendre
Les sirènes laissant les périlleux détroits
Arrivent en chantant bellement toutes trois
Et tous aigle phénix et pihis de la Chine
Fraternisent avec la volante machine

Maintenant tu marches dans Paris tout seul parmi la foule

transporta a Santa Eucaristia
Esses padres que sobem eternamente levantando a hóstia
O avião pousa enfim sem as asas fechar
E milhões de andorinhas então enchem o ar
De asas velozes vêm os corvos os falcões os urubus
De África chegam os íbis os flamengos os marabus
O pássaro Rocha cantado por contistas e poetas
Plana tendo nas garras o crânio de Adão a cabeça primeira
A águia se atira do horizonte com grito aterrador
E da América vem o pequeno beija-flor
Da China vieram os piis longos e singulares
Que só têm uma asa e que voam aos pares
Depois eis a pomba espírito imaculado
A que escoltam a ave-lira e o pavão ocelado
A fênix fogueira que faz a própria sina
Num instante tudo vela com cinza abrasadora
As sereias deixando estreitos perigosos
Chegam as três cantando cantos maviosos
E todos águia fênix e piis lá da China
Confraternizam com a máquina voadora

Agora andas em Paris sozinho entre a turba

Des troupeaux d'autobus mugissants près de toi roulent
L'angoisse de l'amour te serre le gosier
Comme si tu ne devais jamais plus être aimé
Si tu vivais dans l'ancien temps tu entrerais dans un monastère
Vous avez honte quand vous vous surprenez à dire une prière
Tu te moques de toi et comme le feu de l'Enfer ton rire pétille
Les étincelles de ton rire dorent le fonds de ta vie
C'est un tableau pendu dans un sombre musée
Et quelquefois tu vas la regarder de près

Aujourd'hui tu marches dans Paris les femmes sont ensanglantées
C'était et je voudrais ne pas m'en souvenir c'était au déclin de la beauté

Entourée de flammes ferventes Notre-Dame m'a regardé à Chartres
Le sang de votre Sacré-Cœur m'a inondé à Montmartre
Je suis malade d'ouïr les paroles bienheureuses
L'amour dont je souffre est une maladie honteuse
Et l'image qui te possède te fait survivre dans l'insomnie et dans l'angoisse

Rebanhos de ônibus a mugir perto de ti rodam
A angústia do amor te aperta forte o peito
Qual se de ser amado tirassem teu direito
Vivesses noutro tempo e irias para o convento
Tendes vergonha quando vos pegam dizendo uma oração
Tu zombas de ti mesmo e como o fogo do Inferno o teu riso cintila
As fagulhas do teu riso douram o fundo da tua vida
É um quadro pendurado em sombrio museu
E às vezes tu vais contemplá-lo de perto

Hoje andas em Paris as mulheres estão ensanguentadas
Era e eu quisera disso não me lembrar era no declínio da beleza

Cercada de chamas Notre-Dame olhou pra mim em Chartres
O sangue de vosso Sagrado-Coração inundou-me em Montmartre
Estou doente de ouvir as palavras bem-aventuradas
O amor de que sofro é uma doença vergonhosa
E a imagem que te possui te faz sobreviver na insônia e na angústia

C'est toujours près de toi cette image qui passe

Maintenant tu es au bord de la Méditerranée
Sous les citronniers qui sont en fleur toute l'année
Avec tes amis tu te promènes en barque
L'un est Nissard il y a un Mentonasque et deux
Turbiasques
Nous regardons avec effroi les poulpes des profondeurs
Et parmi les algues nagent les poissons images du
Sauveur

Tu es dans le jardin d'une auberge aux environs de
Prague
Tu te sens tout heureux une rose est sur la table
Et tu observes au lieu d'écrire ton conte en prose
La cétoine qui dort dans le cœur de la rose

Épouvanté tu te vois dessiné dans les agates de
Saint-Vit
Tu étais triste à mourir le jour où tu t'y vis
Tu ressembles au Lazare affolé par le jour
Les aiguilles de l'horloge du quartier juif vont à
rebours
Et tu recules aussi dans ta vie lentement
En montant au Hradchin et le soir en écoutant
Dans les tavernes chanter des chansons tchèques

É sempre perto de ti essa imagem que passa

Agora estás à beira do Mediterrâneo
Sob os limoeiros que estão em flor o ano todo
Com teus amigos passeias de barco
Um é de Nice há um de Mônaco e dois da Turbia
Olhamos com terror os polvos das profundezas
E entre as algas nadam os peixes imagens do Salvador

Estás no jardim de uma pousada nas cercanias de Praga
Tu te sentes bem feliz com uma rosa sobre a mesa
E observas em vez de escrever o teu conto em prosa
O escaravelho que dorme no coração da rosa

Apavorado vês-te desenhado nas ágatas de São Vito
Morrias de tristeza no dia em que ali te viste
Tu te pareces com o Lázaro enlouquecido pela luz
Os ponteiros do relógio do bairro judeu andam ao con-
trário
E recuas também na tua vida lentamente
Subindo ao Hradchin e à noite escutando
Cantarem nas tavernas canções tchecas

Te voici à Marseille au milieu des pastèques

Te voici à Coblence à l'hôtel du Géant

Te voici à Rome assis sous un néflier du Japon

Te voici à Amsterdam avec une jeune fille que tu trouves belle et qui est laide
Elle doit se marier avec un étudiant de Leyde
On y loue des chambres en latin Cubicula locanda
Je m'en souviens j'y ai passé trois jours et autant à Gouda

Tu es à Paris chez le juge d'instruction
Comme un criminel on te met en état d'arrestation
Tu as fait de douloureux et de joyeux voyages
Avant de t'apercevoir du mensonge et de l'âge
Tu as souffert de l'amour à vingt et à trente ans
J'ai vécu comme un fou et j'ai perdu mon temps
Tu n'oses plus regarder tes mains et à tous moments je voudrais sangloter
Sur toi sur celle que j'aime sur tout ce qui t'a épouvanté

Tu regardes les yeux pleins de larmes ces pauvres émigrants

Eis que estás em Marselha em meio às melancias

Eis que estás em Coblence no Hotel do Gigante

Eis que estás em Roma sentado sob uma ameixeira do
Japão

Eis que estás em Amsterdam com uma moça que achas
bela e que é feia
Ela deve casar-se com um estudante de Leyde
Lá se alugam quartos em latim Cubicula locanda
E me lembro disso quando passei três dias lá e outros
tantos em Goudá

Estás em Paris na casa de um juiz instrutor
Como a um criminoso colocam-te em estado de prisão
Fizeste dolorosas e alegres viagens
Antes de te dares conta da mentira e da idade
Sofreste de amor aos vinte anos e aos trinta anos vivi
Como um louco e meu tempo perdi
Não ousas mais olhar tuas mãos e a todo instante eu
queria estar soluçante
Sobre ti sobre aquela que amo sobre tudo que te apavo-
rou

Olhas com olhos cheios de lágrimas aqueles pobres emi-
grantes

Ils croient en Dieu ils prient les femmes allaitent des
enfants
Ils emplissent de leur odeur le hall de la gare Saint-
Lazare
Ils ont foi dans leur étoile comme les rois-mages
Ils espèrent gagner de l'argent dans l'Argentine
Et revenir dans leur pays après avoir fait fortune
Une famille transporte un édredon rouge comme
vous transportez votre cœur
Cet édredon et nos rêves sont aussi irréels
Quelques-uns de ces émigrants restent ici et se logent
Rue des Rosiers ou rue des Écouffes dans des bouges
Je les ai vus souvent le soir ils prennent l'air dans la rue
Et se déplacent rarement comme les pièces aux échecs
Il y a surtout des Juifs leurs femmes portent perruque
Elles restent assises exsangues au fond des boutiques

Tu es debout devant devant le zinc d'un bar crapuleux
Tu prends un café à deux sous parmi les malheureux

Tu es la nuit dans un grand restaurant

Ces femmes ne sont pas méchantes elles ont des soucis
cependant
Toutes même la plus laide a fait souffrir son amant
Elle est la fille d'un sergent de ville de Jersey

Ses mains que je n'avais pas vues sont dures et gercées

Eles acreditam em Deus eles rezam as mulheres amamentam crianças
Eles enchem com seu cheiro o hall da estação Saint-Lazare
Eles têm fé em sua estrela como os reis magos
Eles esperam ganhar dinheiro na Argentina
E voltar para sua terra depois de ter feito fortuna
Uma família transporta um acolchoado vermelho como vós transportais o vosso coração
Esse acolchoado e os nossos sonhos são igualmente reais
Alguns desses emigrantes ficam aqui e moram na
Rua des Rosiers ou na rua des Écouffes em pocilgas
Eu os vi muitas vezes à noite espairecer na rua
E se deslocam raramente como as peças de xadrez
Há principalmente judeus as suas mulheres usam perucas
Elas ficam sentadas exangues no fundo das lojas

Estás de pé diante do zinco de um bar mal cuidado
Tomas um café de dois vinténs entre os coitados

Estás à noite num grande restaurante

Essas mulheres não são más têm preocupações não obstante
Todas mesmo as mais feias fez sofrer seu amante
Ela é filha de um policial de Jersey

Suas mãos que eu não tinha visto são duras e franzidas

J'ai une pitié immense pour les coutures de son ventre

J'humilie maintenant à une pauvre fille au rire horrible ma bouche

Tu es seul le matin va venir
Les laitiers font tinter leurs bidons dans les rues

La nuit s'éloigne ainsi qu'une belle Métive
C'est Ferdine la fausse ou Léa l'attentive

Et tu bois cet alcool brûlant comme ta vie
Ta vie que tu bois comme une eau-de-vie

Tu marches vers Auteil tu veux aller chez toi à pied
Dormir parmi tes fétiches d'Océanie et de Guinée
Ils sont des Christ d'une autre forme et d'une autre croyance
Ce sont les Christ inférieurs des obscures espérances

Adieu Adieu

Soleil cou coupé

Tenho um dó imenso das costuras de seu ventre

Humilho agora a uma pobre moça de riso horrível minha
boca

Estás só a manhã vai chegar
Os leiteiros fazem tilintar os seus latões nas ruas

Como uma bela Metive a noite se vai lenta
É Ferdine a falsa ou Lea a atenta

E bebes esse álcool ardente qual tua vida
Tua vida que bebes qual cachaça ardida

Caminhas rumo a Auteuil queres ir pra casa a pé
Dormir com teus fetiches de Oceania e de Guiné
Eles são Cristos de outra forma e de outra crença
São os Cristos inferiores das obscuras esperanças

Adeus Adeus

Sol pescoço cortado

LE PONT MIRABEAU

Sous le pont Mirabeau coule la Seine
Et nos amours
Faut-il qu'il m'en souvienne
La joie venait toujours après la peine

Vienne la nuit sonne l'heure
Les jours s'en vont je demeure

Les mains dans les mains restons face à face
Tandis que sous
Le pont de nos bras passe
Des éternels regards l'onde si lasse

Vienne la nuit sonne l'heure
Les jours s'en vont je demeure

A PONTE MIRABEAU

Sob a ponte Mirabeau corre o Sena
Nossos amores
Devo lembrar a cena
Vinha a alegria sempre após a pena

Venha a noite soe a hora
Eu fico os dias vão-se embora

Mãos entre as mãos fiquemos face a face
Enquanto sob
A ponte dos braços passa
Dos eternos olhares a onda tão lassa

Venha a noite soe a hora
Eu fico os dias vão-se embora

L'amour s'en va comme cette eau courante
        L'amour s'en va
    Comme la vie est lente
Et comme l'Espérance est violente

        Vienne la nuit sonne l'heure
        Les jours s'en vont je demeure

Passent les jours et passent les semaines
        Ni temps passé
    Ni les amours reviennent
Sous le pont Mirabeau coule la Seine

        Vienne la nuit sonne l'heure
        Les jours s'en vont je demeure

O amor se vai como essa água corrente
O amor se vai
Como a vida é lenta
E como a Esperança é violenta

Venha a noite soe a hora
Eu fico os dias vão-se embora

Passam os dias passam as semanas
Nem o tempo passado
Nem os amores voltam
Sob a ponte Mirabeau corre o Sena

Venha a noite soe a hora
Eu fico os dias vão-se embora

LA CHANSON DU MAL-AIMÉ

A Paul Léautaud.

Et je chantais cette romance
En 1903 sans savoir
Que mon amour à la semblance
Du beau Phénix s'il meurt un soir
Le Matin voit sa renaissance

Un soir de demi-brume à Londres
Un voyou qui ressemblait à
Mon amour vint à ma rencontre
Et le regard qu'il me jeta
Me fit baisser les yeux de honte

Je suivis ce mauvais garçon
Qui sifflotait mains dans les poches
Nous semblions entre les maisons
Onde ouverte de la mer Rouge
Lui les Hébreux moi Pharaon

A CANÇÃO DO MAL-AMADO

A Paul Léautaud

E eu cantava esta romança
Em 1903 sem saber
Que o meu amor à semelhança
Da bela Fênix morre à noite
A Manhã vê seu renascer

Numa manhã de meia bruma em Londres
Um vadio parecido
Com o meu amor a mim se chegou
E o olhar que me lançou
Fez-me baixar os olhos de pudor

Eu fui seguindo esse mau moço
Que assoviava mãos no bolso
Éramos lá entre as casas só
Onda aberta do Mar Vermelho
Ele os Hebreus eu Faraó

Que tombent ces vagues de briques
Si tu ne fus pas bien aimée
Je suis le souverain d'Egypte
Sa sœur-épouse son armée
Si tu n'es pas l'amour unique

Au tournant d'une rue brûlant
De tous les feux de ses façades
Plaies du brouillard sanguinolent
Où se lamentaient les façades
Une femme lui ressemblant

C'était son regard d'inhumaine
La cicatrice à son cou nu
Sortit saoule d'une taverne
Au moment où je reconnus
La fausseté de l'amour même

Lorsqu'il fut de retour enfin
Dans sa patrie le sage Ulysse
Son vieux chien de lui se souvint
Près d'un tapis de haute lisse
Sa femme attendait qu'il revînt

Caiam as vagas de tijolos
Se tu não foste bem amada
Eu sou do Egito o senhor
Sua irmã-esposa sua armada
Se não és o único amor

Na esquina de rua abrasante
Co'os fogos de suas fachadas
Chagas da neblina sangrantes
Onde se queixam as fachadas
Mulher a ela semelhante

Era o olhar dela um esgar
A cicatriz no colo nu
Ébria saiu ela de um bar
Na hora em que reconheci
Ser falso todo amor em si

Quando finalmente voltou
À sua pátria o sábio Ulisses
O seu velho cão se lembrou
Junto a um tapete de altos pelos
A esposa o aguardava em desvelos

L'époux royal de Sacontale
Las de vaincre se réjouit
Quand il la retrouva plus pâle
D'attente et d'amour yeux pâlis
Caressant sa gazelle mâle

J'ai pensé à ces rois heureux
Lorsque le faux amour et celle
Dont je suis encore amoureux
Heurtant leurs ombres infidèles
Me rendirent si malheureux

Regrets sur quoi l'enfer se fonde
Qu'un ciel d'oubli s'ouvre à mes vœux
Pour son baiser les rois du monde
Seraient morts les pauvres fameux
Pour elle eussent vendu leur ombre

J'ai hiverné dans mon passé
Revienne le soleil de Pâques
Pour chauffer un cœur plus glacé
Que les quarante de Sébaste
Moins que ma vie martyrisée

O esposo real de Sacontale
Lasso de vencer se alegrou
Quando mais pálida a encontrou
De espera e de amor olhos baços
Acariciando a corça macho

Pensei naqueles reis ditosos
Quando o falso amor e aquela
Por quem ainda estou amoroso
Chocando as sombras infiéis
Tornaram-me tão desditoso

Remorso em que o inferno se funda
Aos votos meus que um céu de olvido
Se abra pra um beijo os reis do mundo
Morreriam pobres famosos
Teriam por ela a alma vendido

Eu hibernei no meu passado
Volte o sol da Páscoa a nascer
Pra aquecer um peito gelado
Mais que os quarenta de Sebasto
Menos que a dor do meu viver

Mon beau navire ô ma mémoire
Avons-nous assez navigué
Dans une onde mauvaise à boire
Avons-nous assez divagué
De la belle aube au triste soir

Adieux faux amour confondu
Avec la femme qui s'éloigne
Avec celle que j'ai perdue
L'année dernière en Allemagne
Et que je ne reverrai plus

Voie lactée ô sœur lumineuse
Des blancs ruisseaux de Chanaan
Et des corps blancs des amoureuses
Nageurs morts suivrons-nous d'ahan
Ton cours vers d'autres nébuleuses

Je me souviens d'une autre année
C'était l'aube d'un jour d'avril
J'ai chanté ma joie bien-aimée
Chanté l'amour à voix virile
Au moment d'amour de l'année

Meu belo navio meu viver
Temos bastante navegado
Em vaga ruim de beber
Temos bastante divagado
Da bela alva ao entardecer

Adeus falso amor confundido
Com a mulher que se vai indo
Aquela que tenho perdido
Na Alemanha no ano findo
E que jamais hei de rever

Via Láctea ó irmã radiosa
Dos brancos rios de Canaã
Dos brancos corpos de amorosas
Nadadores mortos de afã
Sigamos outras nebulosas

De um outro ano estou lembrado
Era a alva de um dia de abril
Cantei a louca bem-amada
Cantei o amor com voz viril
Na hora do amor da temporada

AUBADE CHANTÉE A LÆTARE UN AN PASSÉ

C'est le printemps viens-t'en Pâquette
Te promener au bois joli
Les poules dans la cour caquètent
L'aube au ciel fait de roses plis
L'amour chemine à ta conquête

Mars et Vénus sont revenus
Ils s'embrassent à bouches folles
Devant des sites ingénus
Où sous les roses qui feuillolent
De beaux dieux roses dansent nus

Viens ma tendresse est la régente
De la floraison qui paraît
La nature est belle et touchante
Pan sifflote dans la forêt
Les grenouilles humides chantent

SERENATA CANTADA NO LAETARE UM ANO ATRÁS

É primavera vem Paquita
No belo bosque passear
Há cacarejos no quintal
A alva faz rósea luz brotar
O amor virá te conquistar

De regresso Vênus e Marte
Com loucas bocas a beijar
Diante desse ingênuo lugar
Onde sob rosas a se abrir
Deuses nus dançam a sorrir

Vem a ternura me é regente
Da floração já ressurgente
A natura é bela e tocante
Pã assovia na floresta
Humildes rãs cantam em festa

Beaucoup de ces dieux ont péri
C'est sur eux que pleurent les saules
Le grand Pan l'amour Jésus-Christ
Sont bien morts et les chats miaulent
Dans la cour je pleure à Paris

Moi qui sais des lais pour les reines
Les complaintes de mes années
Des hymnes d'esclave aux murènes
La romance du mal-aimé
Et des chansons pour les sirènes

L'amour est mort j'en suis tremblant
J'adore de belles idoles
Les souvenirs lui ressemblant
Comme la femme de Mausole
Je reste fidèle et dolent

MORRERER *deuses temos visto*
Sobre eles choram os salgueiros
O grão Pã o amor Jesus Cristo
Estão bem mortos miam gatos
Em Paris eu choro nos pátios

Pra rainhas sei melopeias
Lamentos de meu passado
Hinos de escravo às moreias
A romança do mal-amado
E canções para as sereias

Morreu o amor estou tremendo
Adoro ídolos formosos
Lembranças lhe parecendo
Tal como a mulher de Mausolo
Fico fiel e sem consolo

Je suis fidèle comme un dogue
Au maître le lierre au tronc
Et les Cosaques Zaporogues
Ivrognes pieux et larrons
Aux steppes et au décalogue

Portez comme un joug le Croissant
Qu'interrogent les astrologues
Je suis le Sultan tout-Puissant
O mes Cosaques Zaporogues
Votre Seigneur éblouissant

Devenez mes sujets fidèles
Leur avait écrit le Sultan
Ils rirent à cette nouvelle
Et répondirent à l'instant
A la lueur d'une chandelle

Eu sou fiel tal como um dogue
Ao dono a hera aos seus portões
E os Cossacos Zapórogos
Ébrios piedosos e ladrões
Às estepes e aos decálogos

Levai como um jugo o Crescente
A que interrogam os astrólogos
Sou o Sultão onipotente
Ó meus Cossacos Zapórogos
Vosso Senhor ofuscante

Sede meus súditos constantes
Lhes tinha escrito o Sultão
Riram desse conselho vão
E lhe responderam no instante
À luz da vela bruxuleante

RÉPONSE DES COSAQUES ZAPOROGUES AU SULTAN DE CONSTANTINOPLE

Plus criminel que Barrabas
Cornu comme les mauvais anges
Quel Belzébuth es-tu là-bas
Nourri d'immondice et de fange
Nous n'irons pas à tes sabbats

Poisson pourri de Salonique
Long collier des sommeils affreux
D'yeux arrachés à coup de pique
Ta mère fit un pet foireux
Et tu naquis de sa colique

Bourreau de Podolie Amant
Des plaies des ulcères des croûtes
Groin de cochon cul de jument
Tes richesses garde-les toutes
Pour payer tes médicaments

RESPOSTA DOS COSSACOS ZAPÓROGOS AO SULTÃO DE CONSTANTINOPLA

Mais culposo que Barrabás
Cornudo como anjo caído
Qual Belzebu lá embaixo estás
De imundície e lama nutrido
Não iremos aos teus sabás

De Salônica peixe estragado
Dos sonos maus longo colar
A picareta olho arrancado
Tua mãe deu um peido sem par
De sua cólica és brotado

Algoz de Padólia Amante
Das chagas úlceras das crostas
Fuça de porco cu de jumento
Tuas riquezas guarda-as bastante
Para pagar medicamento

Voie lactée ô sœur lumineuse
Des blancs ruisseaux de Chanaan
Et des corps blancs des amoureuses
Nageurs morts suivrons-nous d'ahan
Ton cours vers d'autres nébuleuses

Regret des yeux de la putain
Et belle comme une panthère
Amour vos baisers florentins
Avaient une saveur amère
Qui a rebuté nos destins

Ses regards laissaient une traîne
D'étoiles dans les soirs tremblants
Dans ses yeux nageaient les sirènes
Et nos baisers mordus sanglants
Faisaient pleurer nos fées marraines

VIA LÁCTEA Ó IRMÃ RADIOSA
Dos brancos rios de Canaã
Dos brancos corpos de amorosas
Nadadores mortos de afã
Sigamos a outras nebulosas

Saudade dos olhos da puta
E bela como uma pantera
Amor teus beijos de Florença
Tinham amargura violenta
Que atrapalhou nossa conduta

Seus olhares deixam esteira
De astros em noites tremulando
No teu olhar nadam sereias
E os beijos mordidos sangrando
Faziam ficar fadas chorando

Mais en vérité je l'attends
Avec mon cœur avec mon âme
Et sur le pont des Reviens-t'en
Si jamais revient cette femme
Je lui dirai Je suis content

Mon cœur et ma tête se vident
Tout le ciel s'écoule par eux
O mes tonneaux des Danaïdes
Comment faire pour être heureux
Comme un petit enfant candide

Je ne veux jamais l'oublier
Ma colombe ma blanche rade
O marguerite exfoliée
Mon île au loin ma Désirade
Ma rose mon giroflier

Les satyres et les pyraustes
Les égypans les feux follets
Et les destins damnés ou faustes
La corde au cou comme à Calais
Sur ma douleur quel holocauste

Mas na verdade eu a espero
Com a alma e o coração
E na ponte dos Volta-aqui
Se essa mulher voltar então
Dir-lhe-ei o prazer que senti

Vazios o peito e a lembrança
Por eles desce todo o céu
Ó os meus tonéis das Danaidas
Pra ser feliz que faço eu
Como uma cândida criança

Jamais me estará esquecida
Minha pomba e branca enseada
Ó desfolhada margarida
Minha ilha ao longe Desejada
Minha rosa e cravo-da-Índia

Os sátiros e os piraustas
Os egipãs e os fogaréus
E o destino ruim ou fausto
Como em Calais na forca os réus
Sobre minha dor que holocausto

Douleur qui doubles les destins
La licorne et le capricorne
Mon âme et mon corps incertain
Te fuient ô bûcher divin qu'ornent
Des astres des fleurs du matin

Malheur dieu pâle aux yeux d'ivoire
Tes prêtres fous t'ont-ils paré
Tes victimes en robe noire
Ont-elles vainement pleuré
Malheur dieu qu'il ne faut pas croire

Et toi qui me suis en rampant
Dieu de mes dieux morts en automne
Tu mesures combien d'empans
J'ai droit que la terre me donne
O mon ombre ô mon vieux serpent

Au soleil parce que tu l'aimes
Je t'ai menée souviens-t'en bien
Ténébreuse épouse que j'aime
Tu es à moi en n'étant rien
O mon ombre en deuil de moi-même

Dor que redobras os destinos
O capricórnio e o licorne
Minha alma e corpo em desatinos
Te evitam pira diva a que ornam
Astros e flores matutinos

Mau fado deus de olhos marfim
Teus padres loucos te enfeitaram
As presas em negro cetim
Será que de fato choraram
Mau fado deus sem crente enfim

Tu que me segues rastejante
Deus de meus deuses mortos no outono
Medes quantos palmos garante
Pra mim a terra e eu seja dono
Minha sombra velha serpente

Debaixo do sol pois que o amas
Eu levei-te estás bem lembrada
Tenebrosa esposa a quem amo
Tu és minha e és também nada
Ó sombra de mim enlutada

L'hiver est mort tout enneigé
On a brûlé les ruches blanches
Dans les jardins et les vergers
Les oiseaux chantent sur les branches
Le printemps clair l'avril léger

Mort d'immortels argyraspides
La neige aux boucliers d'argent
Fuit les dendrophores livides
Du printemps cher aux pauvres gens
Qui resourient les yeux humides

Et moi j'ai le cœur aussi gros
Qu'un cul de dame damascène
O mon amour je t'aimais trop
Et maintenant j'ai trop de peine
Les sept épées hors du fourreau

Sept épées de mélancolie
Sans morfil ô claires douleurs
Sont dans mon cœur et la folie
Veut raisonner pour mon malheur
Comment voulez-vous que j'oublie

Está morto o inverno nevado
Colmeias brancas são queimadas
Pelos jardins e pelo prado
Pássaros cantam nas galhadas
A primavera o abril chegado

Morte de argiráspides vívidos
Neve nos escudos de prata
Foge dos dendróforos lívidos
Da primavera aos pobres grata
Que sorriem com olhos úmidos

Tenho o coração tão partido
Qual cu de dama damascena
Ó meu amor te amei perdido
E agora tenho muita pena
Sete gládios todos despidos

Sete espadas só de tristura
Sem rebarbas ó claras dores
Dentro de meu peito e a loucura
Quer julgar pra meus dissabores
Que eu me esqueça como procuras

La première est toute d'argent
Et son nom tremblant c'est Pâline
Sa lame un ciel d'hiver neigeant
Son destin sanglant gibeline
Vulcain mourut en la forgeant

La seconde nommée Noubosse
Est un bel arc-en-ciel joyeux
Les dieux s'en servent à leurs noces
Elle a tué trente Bé-Rieux
Et fut douée par Carabosse

La troisième bleu féminin
N'en est pas moins un chibriape
Appelé Lul de Faltenin
Et que porte sur une nappe
L'Hermès Ernest devenu nain

AS SETE ESPADAS

A primeira é toda de prata
E o nome trêmulo é Palina
Seu gume é um céu de nevada
Seu destino cruel gibelina
Vulcano morreu ao forjá-la

A segunda dita Noubosse
É um arco-íris gaudioso
Os deuses usam-na em casórios
Ela matou trinta Be-Riosos
E foi dotada por Carabosse

A terceira azul feminino
Não deixa de ser um chibriapo
Chamado Lul de Faltenino
E que leva num guardanapo
O Hermes Ernesto pequenino

La quatrième Malourène
Est un fleuve vert et doré
C'est le soir quand les riveraines
Y baignent leurs corps adorés
Et des chants de rameurs s'y traînent

La cinquième Sainte-Fabeau
C'est la plus belle des quenouilles
C'est un cyprès sur un tombeau
Où les quatre vents s'agenouillent
Et chaque nuit c'est un flambeau

La sixième métal de gloire
C'est l'ami aux si douces mains
Dont chaque matin nous sépare
Adieu voilà votre chemin
Les coqs s'épuisaient en fanfares

Et la septième s'exténue
Une femme une rose morte
Merci que le dernier venu
Sur mon amour ferme la porte
Je ne vous ai jamais connue

A quarta Malourena é um rio
Mesclando o verde e o dourado
É noite quando em desafio
Moças banham o corpo adorado
E o canto dos barcos é ouvido

A quinta é dita Sainte-Fabeau
É o mais belo dos portentos
Em sepultura é salgueiro
Onde ajoelham quatro ventos
E cada noite é um luzeiro

A sexta é um metal de glória
Amigo com mãos de carinho
De quem cada manhã nos separa
Adeus eis o vosso caminho
Galos expandem-se em fanfarra

E a sétima a se esfalfar
Uma mulher ou rosa morta
Grato que o último a chegar
Sobre o meu amor feche a porta
A vós jamais pude chegar

Voie lactée ô sœur lumineuse
Des blancs ruisseaux de Chanaan
Et des corps blancs des amoureuses
Nageurs morts suivrons-nous d'ahan
Ton cours vers d'autres nébuleuses

Les démons du hasard selon
Le chant du firmament nous mènent
A sons perdus leurs violons
Font danser notre race humaine
Sur la descente à reculons

Destins destins impénétrables
Rois secoués par la folie
Et ces grelottantes étoiles
De fausses femmes dans vos lits
Aux déserts que l'histoire accable

Via Láctea ó irmã radiosa
Dos brancos rios de Canaã
Dos brancos corpos de amorosas
Nadadores mortos de afã
Sigamos a outras nebulosas

Os demônios das ilusões
Pelo canto do céu nos trazem
A sons perdidos seus violões
A raça humana dançar fazem
Pela descida aos trambolhões

Destinos destinos tão duros
Reis de juízo imperfeito
E estrelas tremendo no escuro
Mulheres falsas no leito
No ermo pela história desfeito

Luitpold le vieux prince régent
Tuteur de deux royautés folles
Sanglote-t-il en y songeant
Quand vacillent les lucioles
Mouches dorées de la Saint-Jean

Près d'un château sans châtelaine
La barque aux barcarols chantants
Sur un lac blanc et sous l'haleine
Des vents qui tremblent au printemps
Voguait cygne mourant sirène

Un jour le roi dans l'eau d'argent
Se noya puis la bouche ouverte
Il s'en revint en surnageant
Sur la rive dormir inerte
Face tournée au ciel changeant

Juin ton soleil ardente lyre
Brûle mes doigts endoloris
Triste et mélodieux délire
J'erre à travers mon beau Paris
Sans avoir le cœur d'y mourir

Luipoldo príncipe regente
Tutor de duas realezas
Loucas soluça em reflexão
Das lucíolas na incerteza
Moscas douradas em São João

Junto a um castro sem castelã
A barca e os barqueiros dolentes
Num lago branco e sob o afã
Da primavera no ar tremente
Vogava cisne iara morrente

Um dia o rei na onda brilhante
Afogou-se e então boca aberta
Voltou à flor d'água flutuante
Na beirada a dormir inerte
Face voltada ao céu cambiante

Junho teu sol ardente lira
Queima os meus dedos doloridos
Triste e melodioso delírio
Erro no meu Paris querido
Sem ser pelo sono envolvido

Les dimanches s'y éternisent
Et les orgues de Barbarie
Y sanglotent dans les cours grises
Les fleurs aux balcons de Paris
Penchent comme la tour de Pise

Soirs de Paris ivres du gin
Flambant de l'électricité
Les tramways feux verts sur l'échine
Musiquent au long des portées
De rails leur folie de machines

Les cafés gonflés de fumée
Crient tout l'amour de leurs tziganes
De tous leurs siphons enrhumés
De leurs garçons vêtus d'un pagne
Vers toi toi que j'ai tant aimée

Moi qui sais des lais pour les reines
Les complaintes de mes années
Des hymnes d'esclave aux murènes
La romance du mal-aimé
Et des chansons pour les sirènes

Domingos ali se prolongam
E os realejos com seus refrões
Pelas praças cinza delongam
De Paris flores nos balcões
Se inclinam qual torre de Pisa

Noites de Paris embriagadas
Do gim elétrico dos brilhos
Os bondes luzes esverdeadas
Ao longo das pautas dos trilhos
Cantam máquinas desvairadas

Os cafés de fumo lotados
Gritam o amor de seus ciganos
Com os seus sifões engasgados
Com seus garçons cingindo panos
Por ti que tenho tanto amado

Pra rainhas sei melopeias
Lamentos de meu passado
Hinos de escravo às moreias
A romança do mal-amado
E canções para as sereias

LES COLCHIQUES

Le pré est vénéneux mais joli en automne
Les vaches y paissant
Lentement s'empoisonnent
Le colchique couleur de cerne et de lilas
Y fleurit tes yeux sont comme cette fleur-là
Violâtres comme leur cerne et comme cet automne
Et ma vie pour tes yeux lentement s'empoisonne

Les enfants de l'école viennent avec fracas
Vêtus de hoquetons et jouant de l'harmonica
Ils cueillent les colchiques qui sont comme des mères
Filles de leurs filles et sont couleur de tes paupières

Qui battent comme les fleurs battent au vent dément

Le gardien du troupeau chante tout doucement
Tandis que lentes et meuglant les vaches abandonnent
Pour toujours ce grand pré mal fleuri par l'automne

OS CÓLQUICOS

O prado é venenoso mas belo no outono
Nele as vacas a pastar
Se envenenam devagar
De cerne e de lilás o cólquico da cor
Floresce ali teus olhos são como essa flor
Violáceos como suas órbitas e como este outono
E a minha vida se envenena lenta por teu olhar

As crianças da escola vêm em algazarra louca
Mangas curtas tocando gaitinhas de boca
Elas colhem os cólquicos às mães semelhantes
Filhas das filhas delas e cor de tuas pálpebras

Que batem como as flores ao vento demente

O guarda do rebanho canta docemente
Enquanto as vacas vão saindo com lento mugido
Para sempre do campo no outono mal florido

PALAIS

A Max Jacob

Vers le palais de Rosemonde au fond du Rêve
Mes rêveuses pensées pieds nus vont en soirée
Le palais don du roi comme un roi nu s'élève
Des chairs fouettées de roses de la roseraie

On voit venir au fond du jardin mes pensées
Qui sourient du concert joué par les grenouilles
Elles ont envie des cyprès grandes quenouilles
Et le soleil miroir des roses s'est brisé

Le stigmate sanglant des mains contre les vitres
Quel archer mal blessé du couchant le troua
La résine qui rend amer le vin de Chypre
Ma bouche aux agapes d'agneau blanc l'éprouva

PALÁCIO

A Max Jacob

De Rosemunda ao paço no fundo do Sonhar
Meu pensar sonhador vai descalço em noitadas
O paço dom do rei qual rei nu a se altear
De rosas do rosal das carnes chicoteadas

Do fundo do jardim veem-se vir pensamentos
Que riem dos concertos das rãs tão confusos
Elas invejam os ciprestes grandes fusos
E das rosas espelho o sol está em fragmentos

O estigma ensanguentado das mãos na vidraça
Qual arqueiro ferido do poente o furou
A resina que ao vinho feito em Chipre amarga
Minha boca nos ágapes de agno o provou

Sur les genoux pointus du monarque adultère
Sur le mai de son âge et sur son trente et un
Madame Rosemonde roule avec mystère
Ses petits yeux tout ronds pareils aux yeux des Huns

Dame de mes pensées au cul de perle fine
Dont ni perle ni cul n'égale l'orient
Qui donc attendez-vous
De rêveuses pensées en marche à l'Orient
Mes plus belles voisines

Toc toc Entrez dans l'antichambre le jour baisse
La veilleuse dans l'ombre est un bijou d'or cuit
Pendez vos têtes aux patères par les tresses
Le ciel presque nocturne a des lueurs d'aiguilles

On entra dans la salle à manger les narines
Reniflaient une odeur de graisse et de graillon
On eut vingt potages dont trois couleur d'urine
Et le roi prit deux œufs pochés dans du bouillon

Puis les marmitons apportèrent les viandes
Des rôtis de pensées mortes dans mon cerveau
Mes beaux rêves mort-nés en tranches bien saignantes
Et mes souvenirs faisandés en godiveaux

Nos joelhos pontudos do rei em adultério
Em maio de sua idade e nos seus trinta e um
Madame Rosemunda passa com mistério
Seus olhinhos redondos como olhos de huno

Dama de meu pensar cu pérola fininha
De quem pérola ou cu não iguala o oriente
Quem estais a esperar
Pensamentos de sonho em marcha no Oriente
As mais belas vizinhas

Toc toc Entrai na sala o dia já mergulha
Na sombra A lamparina é joia de ouro ardente
Deixai vossa cabeça no prego pendente
O céu quase noturno tem laivos de agulha

Na sala de jantar se entrou e as narinas
Farejavam odor de banha e de restolho
Serviram vinte sopas três cheirando a urina
E o rei tomou dois ovos quentes com um molho

Cozinheiros depois trouxeram iguarias
Bifes de ideias mortas em crânio em pitéis
De sonhos natimortos sangrentas fatias
E as minhas lembranças podres em pastéis

Or ces pensées mortes depuis des millénaires
Avaient le fade goût des grands mammouths gelés
Les os ou songe-creux venaient des ossuaires
En danse macabre aux plis de mon cervelet

Et tous ces mets criaient des choses nonpareilles
        Mais nom de Dieu !
        Ventre affamé n'a pas d'oreilles
Et les convives mastiquaient à qui mieux mieux

Ah ! nom de Dieu ! qu'ont donc crié ces entrecôtes
Ces grands pâtés ces os à moelle et mirotons
Langues de feu où sont-elles mes pentecôtes
Pour mes pensées de tous pays de tous les temps

Ora esses pensamentos mortos milenários
Eram insossos como mamutes gelados
Os ossos ou pirados vinham dos ossuários
Numa dança macabra a meu cérebro atados

A gritar cada prato o que a nada assemelha
                Mas Deus meu!
                Barriga com fome é sem orelha
E os convivas a disputar quem mais comeu

Ah! Deus meu! como gritaram por costelas
Esses grandes patês tutano e acebolado
Línguas de fogo pentecostes que é delas
Pra meu pensar de toda terra e do passado

CHANTRE

Et l'unique cordeau des trompettes marines

CANTOR

E a única sirga das trombetas marinhas

CRÉPUSCULE

A Mademoiselle Marie Laurencin

Frôlée par les ombres des morts
Sur l'herbe où le jour s'exténue
L'arlequine s'est mise nue
Et dans l'étang mire son corps

Un charlatan crépusculaire
Vante les tours que l'on va faire
Le ciel sans teinte est constellé
D'astres pâles comme du lait

Sur les tréteaux l'arlequin blême
Salue d'abord les spectateurs
Des sorciers venus de Bohême
Quelques fées et les enchanteurs

CREPÚSCULO

À senhorita Marie Laurencin

Das sombras dos mortos tocada
Na relva onde o dia se extenua
Pôs-se a arlequina toda nua
E olha o corpo na água espelhada

Um charlatão crepuscular
Os lances que fará exalta
O céu sem jaça está a mostrar
Pálidos astros como nata

O branco arlequim no tablado
Cumprimenta os espectadores
Da Boêmia bruxos chegados
Fadas e alguns encantadores

Ayant décroché une étoile
Il la manie à bras tendu
Tandis que des pieds un pendu
Sonne en mesure les cymbales

L'aveugle berce un bel enfant
La biche passe avec ses faons
Le nain regarde d'un air triste
Grandir l'arlequin trismégiste

Tendo ele uma estrela agarrado
Vai manejando-a erguendo o braço
Enquanto os pés de um enforcado
Tange os címbalos em compasso

O cego embala um nenenzinho
Passa a corça com filhotinhos
O anão olha com jeito triste
Crescer o arlequim trimegiste

ANNIE

Sur la côte du Texas
Entre Mobile et Galveston il y a
Un grand jardin tout plein de roses
Il contient aussi une villa
Qui est une grande rose

Une femme se promène souvent
Dans le jardin toute seule
Et quand je passe sur la route bordée de tilleuls
Nous nous regardons

Comme cette femme est mennonite
Ses rosiers et ses vêtements n'ont pas de boutons
Il en manque deux à mon veston
La dame et moi suivons presque le même rite

ANNIE

Do Texas sobre o costão
Entre Mobile e Galveston ficam
Grandes jardins cheios de rosas
Eles contêm uma mansão
Que é uma grande rosa

Uma mulher sempre passeia
Solitária nesse jardim
E quando passo pela estrada ladeada de tílias
Nós nos olhamos

Como essa mulher é menonita
Suas roseiras e suas roupas não têm botão
Faltam dois no meu gibão
A dama e eu seguimos quase o mesmo rito

LA MAISON DES MORTS

A Maurice Raynal

S'étendant sur les côtés du cimetière
La maison des morts l'encadrait comme un cloître
A l'intérieur de ses vitrines
Pareilles à celles des boutiques de modes
Au lieu de sourire debout
Les mannequins grimaçaient pour l'éternité

Arrivé à Munich depuis quinze ou vingt jours
J'étais entré pour la première fois et par hasard
Dans ce cimetière presque désert
Et je claquais des dents
Devant toute cette bourgeoisie
Exposée et vêtue le mieux possible
En attendant la sépulture

Soudain
Rapide comme ma mémoire

A CASA DOS MORTOS

A Maurice Raynal

Seguindo as bordas do cemitério
A casa dos mortos enquadrava como um claustro
No interior de suas vitrines
Como aquelas das butiques de modas
Em vez de sorrisos de pé
Os manequins careteavam para a eternidade

Já chegado a Munique há quinze ou vinte dias
Entrara por acaso e pela vez primeira
Nesse cemitério quase deserto
E eu batia os dentes
Diante de toda aquela burguesia
Exposta e vestida o melhor possível
Aguardando a sepultura

De repente
Rápido como a minha memória

Les yeux se rallumèrent
De cellule vitrée en cellule vitrée
Le ciel se peupla d'une apocalypse
Vivace
Et la terre plate à l'infini
Comme avant Galilée
Se couvrit de mille mythologies immobiles
Un ange en diamant brisa toutes les vitrines
Et les morts m'accostèrent
Avec des mines de l'autre monde

Mais leur visage et leurs attitudes
Devinrent bientôt moins funèbres
Le ciel et la terre perdirent
Leur aspect fantasmagorique

Les morts se réjouissaient
De voir leurs corps trépassés entre eux et la lumière
Ils riaient de leur ombre et l'observaient
Comme si véritablement
C'eût été leur vie passée

Alors je les dénombrai
Ils étaient quarante-neuf hommes
Femmes et enfants

Reacenderam-se os olhos
De célula vítrea em célula vítrea
O céu se povoou de um apocalipse
Vivaz
E a terra plana ao infinito
Como antes de Galileu
Cobriu-se de mil mitologias imóveis
Um anjo de diamante quebrou todas as vitrines
E acercaram-se os mortos
Com feições de outro mundo

Mas os seus rostos e atitudes
Logo ficaram menos fúnebres
O céu e a terra perderam
O aspecto fantasmagórico

Os mortos se rejubilavam
De ver seus corpos mortos entre eles e a luz
Eles riam da própria sombra e a observavam
Como se verdadeiramente
Fosse sua vida passada

Então eu os contei
Eram quarenta e nove homens
Mulheres e crianças

Qui embellissaient à vue d'œil
Et me regardaient maintenant
Avec tant de cordialité
Tant de tendresse même
Que les prenant en amitié
Tout à coup
Je les invitai à une promenade
Loin des arcades de leur maison
Et tous bras dessus bras dessous
Fredonnant des airs militaires
Oui tous vos péchés sont absous
Nous quittâmes le cimetière

Nous traversâmes la ville
Et rencontrions souvent
Des parents des amis qui se joignaient
A la petite troupe des morts récents
Tous étaient si gais
Si charmants si bien portants
Qui bien malin qui aurait pu
Distinguer les morts des vivants

Puis dans la campagne
On s'éparpilla
Deux chevau-légers nous joignirent
On leur fit fête

Que embelezavam a olhos vistos
E olhavam para mim agora
Com tanta cordialidade
Tanta ternura até
Que sentindo por eles amizade
De repente
Convidei-os para um passeio
Longe dos arcos de suas casas
E todos nós de braços dados
Cantando árias militares
Sim e os pecados são perdoados
Nós saímos do cemitério

Atravessamos a cidade
E muitas vezes encontrávamos
Parentes amigos que se juntavam
Ao grupinho dos mortos recentes
Todos estavam tão alegres
Tão charmosos e saudáveis
Que seria muito ladino
Quem distinguisse os mortos dos vivos

Depois no meio do campo
A gente se espalhou
Dois cavaleiros reais se juntaram
A nós fizemos-lhe festa

Ils coupèrent du bois de viorne
Et de sureau
Dont ils firent des sifflets
Qu'ils distribuèrent aux enfants

Plus tard dans un bal champêtre
Les couples mains sur les épaules
Dansèrent au son aigre des cithares

Ils n'avaient pas oublié la danse
Ces morts et ces mortes
On buvait aussi
Et de temps à autre une cloche
Annonçait qu'un nouveau tonneau
Allait être mis en perce

Une morte assise sur un banc
Près d'un buisson d'épine-vinette
Laissait un étudiant
Agenouillé à ses pieds
Lui parler de fiançailles

Je vous attendrai
Dix ans vingt ans s'il le faut
Votre volonté sera la mienne

Je vous attendrai

Eles cortaram paus de briônia
E de sabugueiro
Com que fizeram apitos
Que distribuíram às crianças

Mais tarde no baile campestre
Os pares de mãos nos ombros
Dançaram ao acre som das cítaras

Eles não tinham esquecido a dança
Aqueles mortos e mortas
Bebia-se também
E de vez em quando um sino
Anunciava que um novo tonel
Ia ser aberto

Uma morta sentada num banco
Junto a uma moita de erva-capim
Deixava um estudante
Ajoelhado a seus pés
Falar-lhe de noivado

Eu vos esperarei
Dez anos vinte se preciso
Vossa vontade será a minha

Eu vos esperarei

Toute votre vie
Répondait la morte

Des enfants
De ce monde ou bien de l'autre
Chantaient de ces rondes
Aux paroles absurdes et lyriques
Qui sans doute sont les restes
Des plus anciens monuments poétiques
De l'humanité

L'étudiant passa une bague
A l'annulaire de la jeune morte

Voici le gage de mon amour
De nos fiançailles
Ni le temps ni l'absence
Ne nous feront oublier nos promesses
Et un jour nous aurons une belle noce
Des touffes de myrte
A nos vêtements et dans vos cheveux
Un beau sermon à l'église
De longs discours après le banquet
Et de la musique
De la musique

Toda a vossa vida
Respondia a morta

Crianças
Deste mundo ou do outro
Cantavam daquelas cirandas
De letras absurdas e líricas
Que por certo são os restos
Dos mais antigos monumentos poéticos
Da humanidade

O estudante enfiou uma aliança
No anular da jovem morta

Eis o penhor de meu amor
De nosso noivado
Nem o tempo nem a ausência
Nos farão esquecer nossas promessas
E teremos um dia belas núpcias
Ramalhetes de murta
Em nossas roupas e em vossos cabelos
Um belo sermão na igreja
Longos discursos após o banquete
E música
Música

Nos enfants
Dit la fiancée
Seront plus beaux plus beaux encore
Hélas ! la bague était brisée
Que s'ils étaient d'argent ou d'or
D'émeraude ou de diamant
Seront plus clairs plus clairs encore
Que les astres du firmament
Que la lumière de l'aurore
Que vos regards mon fiancé
Auront meilleure odeur encore
Hélas ! la bague était brisée
Que le lilas qui vient d'éclore
Que le thym la rose ou qu'un brin
De lavande ou de romarin

Les musiciens s'en étant allés
Nous continuâmes la promenade

Au bord d'un lac
On s'amusa à faire des ricochets
Avec des cailloux plats
Sur l'eau qui dansait à peine

Des barques étaient amarrées
Dans un havre

Os nossos filhos
Disse a noiva
Serão mais belos mais belos ainda
Ai! A aliança estava quebrada
Do que eles se fossem de prata ou de ouro
De esmeralda ou de diamante
Serão mais claros ainda
Do que os astros do firmamento
Do que as luzes da alvorada
Do que vossos olhares meu noivo
Terão melhor odor ainda
Ai! A aliança estava quebrada
Que o lilás aberto agora
Que o tomilho a rosa ou um galhinho
De lavanda ou de alecrim

Tendo-se ido embora os músicos
Seguimos o nosso passeio

À beira de um lago
Brincamos de ricochetear
Com pedrinhas achatadas
Na água que mal dançava

Barcas estavam amarradas
Numa enseada

On les détacha
Après que toute la troupe se fut embarquée
Et quelques morts ramaient
Avec autant de vigueur que les vivants

A l'avant du bateau que je gouvernais
Un mort parlait avec une jeune femme
Vêtue d'une robe jaune
D'un corsage noir
Avec des rubans bleus et d'un chapeau gris
Orné d'une seule petite plume défrisée

Je vous aime
Disait-il
Comme le pigeon aime la colombe
Comme l'insecte nocturne
Aime la lumière

Trop tard
Répondait la vivante
Repoussez repoussez cet amour défendu
Je suis mariée
Voyez l'anneau qui brille
Mes mains tremblent
Je pleure et je voudrais mourir

A gente as desamarrou
Depois que a turma toda embarcou
E alguns mortos remavam
Com tanto vigor quanto os vivos

Na frente do barco que eu governava
Um morto falava com uma jovem
Que usava um vestido amarelo
Com um colete preto
Com fitas azuis e um chapéu cinza
Ornado só com uma peninha alisada

Eu vos amo
Dizia ele
Como o pombo ama a pomba
Como o inseto noturno
Ama a luz

Tarde demais
Respondia a viva
Rechaçai rechaçai esse amor proibido
Eu sou casada
Vede a aliança que brilha
As minhas mãos estão tremendo
Choro e quisera morrer

Les barques étaient arrivées
A un endroit où les chevau-légers
Savaient qu'un écho répondait de la rive
On ne se lassait point de l'interroger
Il y eut des questions si extravagantes
Et des réponses tellement pleines d'à-propos
Que c'était à mourir de rire
Et le mort disait à la vivante

Nous serions si heureux ensemble
Sur nous l'eau se refermera
Mais vous pleurez et vos mains tremblent
Aucun de nous ne reviendra

On reprit terre et ce fut le retour
Les amoureux s'entr'aimaient
Et par couples aux belles bouches
Marchaient à distances inégales
Les morts avaient choisi les vivants
Et les vivants
Des mortes
Un genévrier parfois
Faisait l'effet d'un fantôme
Les enfants déchiraient l'air
En soufflant les joues creuses
Dans leurs sifflets de viorne

As barcas tinham chegado
A um lugar onde os guardas montados
Sabiam que um eco respondia da margem
Não nos cansávamos de interrogá-lo
Houve perguntas tão extravagantes
E respostas tão cheias de pertinência
Que era de morrer de rir
E o morto dizia à viva

Seríamos tão felizes juntos
Sobre nós a água se fechará
Mas vós chorais e as mãos tremem
Nenhum de nós voltará

Pisamos em terra e foi o retorno
Os namorados se entreamavam
E por casais de belas bocas
Andavam a distâncias desiguais
Os mortos tinham escolhido os vivos
E os vivos
Mortas
Um zimbro por vezes
Fazia o efeito de um fantasma
As crianças rasgavam o ar
Soprando de bochechas ocas
Nos seus apitos de briônia

Ou de sureau
Tandis que les militaires
Chantaient des tyroliennes
En se répondant comme on le fait
Dans la montagne

Dans la ville
Notre troupe diminua peu à peu
On se disait
Au revoir
A demain
A bientôt

Beaucoup entraient dans les brasseries
Quelques-uns nous quittèrent
Devant une boucherie canine
Pour y acheter leur repas du soir

Bientôt je restai seul avec ces morts
Qui s'en allaient tout droit
Au cimetière
Où
Sous les Arcades
Je les reconnus
Couchés

Ou de sabugueiro
Enquanto os militares
Cantavam tirolesas
Respondendo-se como se faz
Na montanha

Na cidade
Nosso grupo diminuiu um pouco
A gente se dizia
Até a vista
Até amanhã
Até breve

Muitos entravam nas cervejarias
Alguns nos deixaram
Diante de um açougue canino
Para comprar a refeição da noite

Logo fiquei só com aqueles mortos
Que seguiam direto
Para o cemitério
Onde
Sob as Arcadas
Eu os reconheci
Deitados

Immobiles
Eh bien vêtus
Attendant la sépulture derrière les vitrines

Ils ne se doutaient pas
De ce qui s'était passé
Mais les vivants en gardaient le souvenir
C'était un bonheur inespéré

Et si certain
Qu'ils ne craignaient point de le perdre

Ils vivaient si noblement
Que ceux qui la veille encore
Les regardaient comme leurs égaux
Ou même quelque chose de moins
Admiraient maintenant
Leur puissance leur richesse et leur génie
Car il y a-t-il rien qui vous élève
Comme d'avoir aimé un mort ou une morte
On devient si pur qu'on en arrive
Dans les glaciers de la mémoire
A se confondre avec le souvenir
On est fortifié pour la vie
Et l'on n'a plus besoin de personne

Imóveis
E bem vestidos
Esperando a sepultura atrás das vitrinas

Eles não tinham ideia
Do que se passara
Mas os vivos guardavam a lembrança
Era uma felicidade inesperada

E tão certa
Que não temiam perdê-la

Viviam tão nobremente
Que aqueles que ainda na véspera
Os olhavam como seus iguais
Ou até algo de menos
Admiravam-lhes agora
O poder a riqueza o gênio
Pois há algo que vos eleve
Como ter amado um morto ou uma morta
A gente fica tão puro que se chega
Nas geleiras da memória
A se confundir com a lembrança
A gente se fortificou para a vida
E não se precisa mais de ninguém

CLOTILDE

L'anémone et l'ancolie
Ont poussé dans le jardin
Où dort la mélancolie
Entre l'amour et le dédain

Il y vient aussi nos ombres
Que la nuit dissipera
Le soleil qui les rend sombres
Avec elles disparaîtra

Les déités des eaux vives
Laissent couler leurs cheveux
Passe il faut que tu poursuives
Cette belle ombre que tu veux

CLOTILDE

A anêmona e a ancolia
Despontaram no jardim
Onde jaz melancolia
Entre o amor e o desdém

Também vêm as nossas sombras
Que a noite dissipará
O sol que as torna sombrias
Com elas se esvairá

As deusas das águas-vivas
Deixam os cabelos correr
Passa é mister que persigas
A sombra do teu querer

CORTÈGE

A M. Léon Bailby

Oiseau tranquille au vol inverse oiseau
Qui nidifie en l'air
A la limite où notre sol brille déjà
Baisse ta deuxième paupière la terre t'éblouit
Quand tu lèves la tête

Et moi aussi de près je suis sombre et terne
Une brume qui vient d'obscurcir les lanternes
Une main qui tout à coup se pose devant les yeux
Une voûte entre vous et toutes les lumières
Et je m'éloignerai m'illuminant au milieu d'ombres
Et d'alignements d'yeux des astres bien-aimés

Oiseau tranquille au vol inverse oiseau
Qui nidifie en l'air
A la limite où brille déjà ma mémoire
Baisse ta deuxième paupière

CORTEJO

Ao Sr. Léon Bailby

Ave tranquila de voo inverso ave
Que nidifica no ar
No limite em que o nosso solo brilha já
Baixa a tua segunda pálpebra a terra te ofusca
Quando ergues a cabeça

E eu também sou de perto sombrio e fosco
Uma bruma que vem de toldar as lanternas
Uma mão que de chofre se põe frente aos olhos
Uma abóbada entre ti e as luzes todas
E eu me afastarei iluminando-me entre sombras
E de alinhamentos de olhos dos astros bem-amados

Ave tranquila de voo inverso ave
Que nidifica no ar
No limite em que já minha memória
Baixa a tua segunda pálpebra

Ni à cause du soleil ni à cause de la terre
Mais pour ce feu oblong dont l'intensité ira s'augmentant
Au point qu'il deviendra un jour l'unique lumière

Un jour
Un jour je m'attendais moi-même
Je me disais Guillaume il est temps que tu viennes
Pour que je sache enfin celui-là que je suis
Moi qui connais les autres

Je les connais par les cinq sens et quelques autres
Il me suffit de voir leurs pieds pour pouvoir refaire ces gens à milliers
De voir leurs pieds paniques un seul de leurs cheveux
Ou leur langue quand il me plaît de faire le médecin
Ou leurs enfants quand il me plaît de faire le prophète
Les vaisseaux des amateurs la plume de mes confrères
La monnaie des aveugles les mains des muets
Ou bien encore à cause du vocabulaire et non de l'écriture
Une lettre écrite par ceux qui ont plus de vingt ans
Il me suffit de sentir l'odeur de leurs églises
L'odeur des fleuves dans leurs villes
Le parfum des fleurs dans les jardins publics
O Corneille Agrippa l'odeur d'un petit chien m'eût suffi

Nem por causa do sol nem por causa da terra
Mas por esse fogo oblongo cuja intensidade irá aumentando
A ponto que será um dia a única luz

Um dia
Um dia eu próprio esperava
Eu me dizia Guillaume é tempo que tu venhas
Para que eu saiba enfim aquele que eu sou
Eu que conheço os outros

Eu os conheço pelos cinco sentidos e alguns outros
Basta-me ver seus pés para poder refazer essas pessoas aos milhares
Ver seus pés assustados um só de seus cabelos
Ou sua língua quando me apraz bancar o médico
Ou seus filhos quando me apraz bancar o profeta
Os vasos dos amadores a pena de meus confrades
A moeda dos cegos as mãos dos mudos
Ou então ainda por causa do vocabulário e não da escrita
Uma carta escrita por aqueles que têm mais de vinte anos
Basta-me o odor de suas igrejas
O odor dos rios de suas cidades
O perfume das flores em seus jardins públicos
Ó Cornélio Agrippa o odor de um cãozinho que me teria bastado

Pour décrire exactement tes concitoyens de Cologne
Leurs rois-mages et la ribambelle ursuline
Qui t'inspirait l'erreur touchant toutes les femmes
Il me suffit de goûter la saveur du laurier qu'on cultive pour que j'aime ou que je bafoue
Et de toucher les vêtements
Pour ne pas douter si l'on est frileux ou non
O gens que je connais
Il me suffit d'entendre le bruit de leurs pas
Pour pouvoir indiquer à jamais la direction qu'ils ont prise
Il me suffit de tous ceux-là pour me croire le droit
De ressusciter les autres
Un jour je m'attendais moi-même
Je me disais Guillaume il est temps que tu viennes
Et d'un lyrique pas s'avançaient ceux que j'aime
Parmi lesquels je n'étais pas
Les géants couverts d'algues passaient dans leurs villes
Sous-marines où les tours seules étaient des îles
Et cette mer avec les clartés de ses profondeurs
Coulait sang de mes veines et fait battre mon cœur
Puis sur terre il venait mille peuplades blanches
Dont chaque homme tenait une rose à la main
Et le langage qu'ils inventaient en chemin
Je l'appris de leur bouche et je le parle encore

Para descrever exatamente os teus concidadãos de
Colônia
Seus reis magos e a caterva ursulina
Que te inspirava o erro tocando todas as mulheres
Basta-me provar o sabor do louro que se cultiva
para que eu ame e achincalhe
Para não duvidar se se é friorento ou não
Ó gente que eu conheço
Basta-me ouvir o ruído de seus passos
Para poder indicar de vez a direção que tomaram
Bastam-me todos esses para eu me crer no direito
De ressuscitar os outros
Um dia eu próprio esperava
Eu me dizia Guillaume é tempo de vires
E com lírico passo avançavam os que eu amo
Entre os quais eu não estava
Os gigantes cobertos de algas passavam em suas ci-
dades
Submarinas onde só as torres eram ilhas
E aquele mar com as clarezas de suas profundezas
Corria sangue de minhas veias e faz bater meu co-
ração
Depois em terra vinham mil aldeias brancas
Das quais cada homem tinha uma rosa na mão
E a linguagem que inventavam no caminho
Aprendi de sua boca e falo ainda

Le cortège passait et j'y cherchais mon corps
Tous ceux qui survenaient et n'étaient pas moi-même
Amenaient un à un les morceaux de moi-même
On me bâtit peu à peu comme on élève une tour
Les peuples s'entassaient et je parus moi-même
Qu'ont formé tous les corps et les choses humaines

Temps passés Trépassés Les dieux qui me formâtes
Je ne vis que passant ainsi que vous passâtes
Et détournant mes yeux de ce vide avenir
En moi-même je vois tout le passé grandir

Rien n'est mort que ce qui n'existe pas encore
Près du passé luisant demain est incolore
Il est informe aussi près de ce qui parfait
Présente tout ensemble et l'effort et l'effet

O cortejo passava eu buscava o meu corpo
Todos os que chegavam e não eram eu
Traziam cada um pedaços de mim
Construíram-me aos poucos como aluno a uma
torre
Os povos se juntavam e apareci eu mesmo
Que formaram todos os corpos e as coisas humanas

Tempos passados Trespassados Os deuses que me
formastes
Eu só vi ao passar que também vós passastes
E desviando os olhos desse vazio futuro
Em mim mesmo vejo todo o passado crescer

Nada está morto fora o que não existe ainda
Frente ao passado luzidio amanhã é incolor
É disforme também frente ao que perfaz
Apresenta em conjunto o esforço e o efeito

MARIZIBILL

Dans la Haute-Rue à Cologne
Elle allait et venait le soir
Offerte à tous en tout mignonne
Puis buvait lasse des trottoirs
Très tard dans les brasseries borgnes

Elle se mettait sur la paille
Pour un maquereau roux et rose
C'était un juif il sentait l'ail
Et l'avait venant de Formose
Tirée d'un bordel de Changaï

Je connais gens de toutes sortes
Ils n'égalent pas leurs destins
Indécis comme feuilles mortes
Leurs yeux sont des feux mal éteints
Leurs cœurs bougent comme leurs portes

Marizibill

Na Rua Alta em Colônia
À noite ela ia e ela vinha
Expondo-se sem cerimônia
Depois bebia cansadinha
Até tarde nos bares da esbórnia

Ela se punha sobre a palha
Por uma sarda verde e rosa
Era um judeu cheirando a alho
E a tirara ao vir de Formosa
Lá de Changai de um serralho

Vejo gente de toda sorte
Não igualam os seus destinos
Indecisos quais folhas mortas
Olhos de fogos mal extintos
Seus peitos mexem como portas

LE VOYAGEUR

A Fernand Fleuret

Ouvrez-moi cette porte où je frappe en pleurant

La vie est variable aussi bien que l'Euripe

Tu regardais un banc de nuages descendre
Avec le paquebot orphelin vers les fièvres futures
Et de tous ces regrets de tous ces repentirs
            Te souviens-tu
Vagues poissons arqués fleurs surmarines
Une nuit c'était la mer
Et les fleuves s'y répandaient

Je m'en souviens je m'en souviens encore

O VIAJOR

A Fernand Fleuret

Abri-me esta porta em que bato chorando

A vida é variável como o Euripo

Olhavas um bloco de nuvens descer
Com o paquete órfão rumo a febres futuras
E das saudades e arrependimentos
        Acaso te lembras
Vagas peixes arcas flores sobremarinas
Uma noite era o mar
E os rios nele se espalhavam

Eu me lembro eu me lembro ainda

Un soir je descendis dans une auberge triste
Auprès de Luxembourg
Dans le fond de la salle il s'envolait un Christ
Quelqu'un avait un furet
Un autre un hérisson
L'on jouait aux cartes
Et toi tu m'avais oublié

Te souviens-tu du long orphelinat des gares
Nous traversâmes des villes qui tout le jour tournaient
Et vomissaient la nuit le soleil des journées
O matelots ô femmes sombres et vous mes compagnons
Souvenez-vous-en

Deux matelots qui ne s'étaient jamais quittés
Deux matelots qui ne s'étaient jamais parlé
Le plus jeune en mourant tomba sur le côté

O vous chers compagnons
Sonneries électriques des gares chant des moissonneuses
Traîneau d'un boucher régiment des rues sans nombre

Uma noite eu fiquei num albergue triste
Perto de Luxemburgo
No fundo da sala alçava voo um Cristo
Alguém tinha um furão
Outro um ouriço
Jogava-se baralho
E tu me tinhas esquecido

Lembras-te do longo orfanato das estações
Atravessamos cidades que o dia todo giraram
E à noite vomitavam o sol dos dias
Ó marujos ó mulheres sombrias e vós meus companheiros
        Lembrai-vos disso

Dois marujos que nunca se separaram
Dois marujos que nunca se falaram
O mais moço morrendo caiu para o lado

            Ó vós caros companheiros
Campainhas elétricas das estações canto dos ceifadores
Carrinho de um açougueiro regimento das ruas sem número

Cavalerie des ponts nuits livides de l'alcool
Les villes que j'ai vues vivaient comme des folles

Te souviens-tu des banlieues et du troupeau plaintif
des paysages
Les cyprès projetaient sous la lune leurs ombres
J'écoutais cette nuit au déclin de l'été
Un oiseau langoureux et toujours irrité
Et le bruit éternel d'un fleuve large et sombre

Mais tandis que mourants roulaient vers l'estuaire
Tous les regards tous les regards de tous les yeux
Les bords étaient déserts herbus silencieux
Et la montagne à l'autre rive était très claire

Alors sans bruit sans qu'on pût voir rien de vivant
Contre le mont passèrent des ombres vivaces
De profil ou soudain tournant leurs vagues faces
Et tenant l'ombre de leurs lances en avant

Les ombres contre le mont perpendiculaire
Grandissaient ou parfois s'abaissaient brusquement
Et ces ombres barbues pleuraient humainement
En glissant pas à pas sur la montagne claire

Cavalaria das pontes noites lívidas do álcool
As cidades que eu vi viviam como loucas

Lembras-te dos arrabaldes e do rebanho queixoso das
 paisagens
Os ciprestes projetavam sob a lua as suas sombras
Eu escutava aquela noite no declínio do verão
Um pássaro langoroso e sempre em irritação
E o ruído eterno de um rio largo e sombrio

Mas enquanto moribundos rolavam para o estuário
Todos os olhares todos os olhares de todos os olhos
O barranco era deserto ervoso solitário
E o morro na outra margem estava muito claro

Então sem ruído sem que se pudesse ver nada vivente
Contra o monte passaram sombras vivazes
De perfil ou súbito voltando as vagas faces
E tendo a sombra de suas lanças para a frente

As sombras contra o monte perpendicular
Cresciam ou por vezes se abaixavam bruscamente
E essas sombras barbudas choravam humanamente
E escorriam passo a passo na montanha a brilhar

Qui donc reconnais-tu sur ces vieilles photographies
Te souviens-tu du jour où une abeille tomba dans le feu
C'était tu t'en souviens à la fin de l'été

Deux matelots qui ne s'étaient jamais quittés
L'aîné portait au cou une chaîne de fer
Le plus jeune mettait ses cheveux blonds en tresse

Ouvrez-moi cette porte où je frappe en pleurant

La vie est variable aussi bien que l'Euripe

Quem reconheces pois nessas velhas fotografias
Lembras-te do dia em que uma abelha caiu no fogo
Era lembras-te no fim do verão

Dois marujos que nunca se haviam largado
O mais velho tinha ao pescoço uma corrente de ferro
O mais novo mantinha os cabelos loiros em trança

Abri-me esta porta onde bato chorando

A vida é variável assim como o Euripo

MARIE

Vous y dansiez petite fille
Y danserez-vous mère-grand
C'est la maclotte qui sautille
Toutes les cloches sonneront
Quand donc reviendrez-vous Marie

Des masques sont silencieux
Et la musique est si lointaine
Qu'elle semble venir des cieux
Oui je veux vous aimer mais vous aimer à peine
Et mon mal est délicieux

Les brebis s'en vont dans la neige
Flocons de laine et ceux d'argent
Des soldats passent et que n'ai-je
Un cœur à moi ce cœur changeant
Changeant et puis encor que sais-je

MARIA

Ali dançáveis mocinha
Ali dançareis vovozinha
É a macla que saltita
Sinos tocam à porfia
Quando voltareis Maria

Máscaras são tão silentes
E a música é tão distante
Que do céu parece descer
Sim quero vos amar mas vos amar somente
Delicioso é o meu padecer

As ovelhas vão-se no gelo
Flocos de lã e os de argento
Soldados passam queria tê-lo
Um coração meu tão fugaz
Fugaz e não sei que mais

Sais-je où s'en iront tes cheveux
Crépus comme mer qui moutonne
Sais-je où s'en iront tes cheveux
Et tes mains feuilles de l'automne
Que jonchent aussi nos aveux

Je passais au bord de la Seine
Un livre ancien sous le bras
Le fleuve est pareil à ma peine
Il s'écoule et ne tarit pas
Quand donc finira la semaine

Sei eu aonde irão tuas madeixas
Crespas qual mar sempre revolto
Sei eu aonde irão tuas madeixas
E tuas mãos folhas de outono
Que também juncam nossas queixas

Eu passava à beira do Sena
Um velho livro sob o braço
O livro é como a minha pena
Ele se escoa pelo espaço
Quando pois acaba a semana

LA BLANCHE NEIGE

Les anges les anges dans le ciel
L'un est vêtu en officier
L'un est vêtu en cuisinier
Et les autres chantent

Bel officier couleur du ciel
Le doux printemps longtemps après Noël
Te médaillera d'un beau soleil
    D'un beau soleil

Le cuisinier plume les oies
    Ah ! tombe neige
    Tombe et que n'ai-je
Ma bien-aimée entre mes bras

A BRANCA DE NEVE

Os anjos os anjos lá no céu
Um vestido de oficial
Um vestido de avental
E os outros cantam

Da cor do céu belo oficial
Doces primaveras bem depois do Natal
Te medalhará de um belo sol
        De um belo sol

Depena o cozinheiro gansos
        Ah! caia neve
        Caia e não tenho
A bem-amada entre os meus braços.

POÈME LU AU MARIAGE D'ANDRÉ SALMON

Le 13 juillet 1909

En voyant des drapeaux ce matin je ne me suis pas dit
Voilà les riches vêtements des pauvres
Ni la pudeur démocratique veut me voiler sa douleur
Ni la liberté en honneur fait qu'on imite maintenant
Les feuilles ô liberté végétale ô seule liberté terrestre
Ni les maisons flambent parce qu'on partira pour ne plus revenir
Ni ces mains agitées travailleront demain pour nous tous
Ni même on a pendu ceux qui ne savaient pas profiter de la vie
Ni même on renouvelle le monde en reprenant la Bastille

POEMA LIDO NO CASAMENTO DE ANDRÉ SALMON

A 13 de julho de 1909

Ao ver bandeiras esta manhã eu não me disse
Lá estão as ricas vestes dos pobres
Nem o pudor democrático quer me vedar a sua dor
Nem a liberdade em honra faz que se imite agora
As folhas ó liberdade vegetal ó só liberdade terrestre
Nem as casas se inflamam porque se partirá para não
mais voltar
Nem essas mãos agitadas trabalharão amanhã para nós
todos
Nem sequer se enforcaram aqueles que não sabiam apro-
veitar a vida
Nem sequer se renova o mundo retomando a Bastilha

Je sais que seuls le renouvellent ceux qui sont fondés en poésie
On a pavoisé Paris parce que mon ami André Salmon s'y marie

Nous nous sommes rencontrés dans un caveau maudit
Au temps de notre jeunesse
Fumant tous deux et mal vêtus attendant l'aube
Épris épris des mêmes paroles dont il faudra changer le sens
Trompés trompés pauvres petits et ne sachant pas encore rire
La table et les deux verres devinrent un mourant qui nous jeta le dernier regard d'Orphée
Les verres tombèrent se brisèrent
Et nous apprîmes à rire
Nous partîmes alors pèlerins de la perdition
A travers les rues à travers les contrées à travers la raison
Je le revis au bord du fleuve sur lequel flottait Ophélie
Qui blanche flotte encore les nénuphars
Il s'en allait au milieu des Hamlets blafards
Sur la flûte jouant les airs de la folie
Je le revis près d'un moujik mourant compter les béatitudes

Eu sei que só o renovam os que são fundados em poesia
Embelezou-se Paris porque o meu amigo André Salmon
se casa lá

Encontramo-nos numa adega maldita
No tempo de nossa juventude
Fumando ambos e mal vestidos esperando a aurora
Apaixonados apaixonados pelas mesmas palavras de
que é preciso mudar o sentido
Enganados enganados pobrezinhos e não sabendo ainda
rir
A mesa e os dois copos tornaram-se um moribundo que
nos lançou o último olhar de Orfeu
Os copos caíram e se quebraram e nós aprendemos a rir
Partimos então peregrinos da perdição
Através das ruas através das regiões através da razão
Eu o revi à beira do rio sobre o qual flutuava Ofélia
Que branca flutua ainda os nenúfares
E se ia em meio aos Hamlets pálidos
Na flauta tocando as árias da loucura
Eu o revi perto de um mujique moribundo contar as be-
atitudes

En admirant la neige semblable aux femmes nues
Je le revis faisant ceci ou cela en l'honneur des mêmes paroles
Qui changent la face des enfants et je dis toutes ces choses
Souvenir et Avenir parce que mon ami André Salmon se marie

Réjouissons-nous non pas parce que notre amitié a été le fleuve qui nous a fertilisés
Terrains riverains dont l'abondance est la nourriture que tous espèrent
Ni parce que nos verres nous jettent encore une fois le regard d'Orphée mourant
Ni parce que nous avons tant grandi que beaucoup pourraient confondre nos yeux et les étoiles
Ni parce que les drapeaux claquent aux fenêtres des citoyens qui sont contents depuis cent ans d'avoir la vie et de menues choses à défendre
Ni parce que fondés en poésie nous avons des droits sur les paroles qui forment et défont l'Univers
Ni parce que nous pouvons pleurer sans ridicule et que nous savons rire
Ni parce que nous fumons et buvons comme autrefois

Ao admirar a neve semelhante às mulheres nuas
Eu o revi fazendo isto ou aquilo em honra das mesmas
palavras
Que mudam a face das crianças e digo todas essas coisas
Lembrança e Futuro porque meu amigo André Salmon
vai se casar

Alegremo-nos não porque a nossa amizade foi o rio que
nos fertilizou
Terrenos ribeirinhos cuja abundância é o alimento que
todos esperam
Nem porque os nossos copos nos lançam mais uma vez
o olhar de Orfeu moribundo
Nem porque crescemos tanto que muitos poderiam con-
fundir os nossos olhos com as estrelas
Nem porque as bandeiras estalam nas janelas dos cida-
dãos que estão contentes há cem anos por ter a
vida e coisas miúdas a defender
Nem porque fundamentados em poesia temos direitos
sobre as palavras que formam e desfazem o Uni-
verso
Nem porque podemos chorar sem ridículo e porque sa-
bemos rir
Nem porque fumamos e bebemos como outrora

Réjouissons-nous parce que directeur du feu et des poètes
L'amour qui emplit ainsi que la lumière
Tout le solide espace entre les étoiles et les planètes
L'amour veut qu'aujourd'hui mon ami André Salmon se marie

Alegremo-nos porque diretor do fogo e dos poetas
O amor que enche assim como a luz
Todo o sólido espaço entre as estrelas e os planetas
O amor quer hoje que o meu amigo André Salmon se
case

L'ADIEU

J'ai cueilli ce brin de bruyère
L'automne est morte souviens-t'en
Nous ne nous verrons plus sur terre
Odeur du temps brin de bruyère
Et souviens-toi que je t'attends

O ADEUS

Colhi um ramo de urze
O outono morreu lembra-te
Não nos veremos mais na terra
Odor do tempo ramo de urze
E lembra-te de que te espero

SALOMÉ

Pour que sourie encore une fois Jean-Baptiste
Sire je danserais mieux que les séraphins
Ma mère dites-moi pourquoi vous êtes triste
En robe de comtesse à côté du Dauphin

Mon cœur battait battait très fort à sa parole
Quand je dansais dans le fenouil en écoutant
Et je brodais des lys sur une banderole
Destinée à flotter au bout de son bâton

Et pour qui voulez-vous qu'à présent je la brode
Son bâton refleurit sur les bords du Jourdain
Et tous les lys quand vos soldats ô roi Hérode
L'emmenèrent se sont flétris dans mon jardin

SALOMÉ

Para que uma vez mais sorria João Batista
Senhor eu dançarei melhor que um serafim
Minha mãe me dizei por que estais tão triste
Em trajes de condessa ao lado do Delfim

À sua voz batia forte o coração
Quando eu dançava em meio ao funcho a escutar
E lírio branco em bandeirola minha mão
No alto de seu bastão bordava pra adejar

E pra quem quereis vós que eu vá bordá-la enfim
Seu bastão refloresce à beira do Jordão
E os lírios todos quando os soldados ó Herodes
O levaram estão murchos em meu jardim

Venez tous avec moi là-bas sous les quinconces
        Ne pleure pas ô joli fou du roi
Prends cette tête au lieu de ta marotte et danse
N'y touchez pas son front ma mère est déjà froid

Sire marchez devant trabants marchez derrière
Nous creuserons un trou et l'y enterrerons
Nous planterons des fleurs et danserons en rond
Jusqu'à l'heure où j'aurai perdu ma jarretière
                        Le roi sa tabatière
                        L'infante son rosaire
                        Le curé son bréviaire

Vinde todos comigo ali sob os quincôncios
Não chores mais doce bobo do rei
Toma este crânio em vez de teu bastão e dança
Não toques sua fronte mãe está fria eu sei

Senhor marchai à frente atrás alabardeiros
Faremos uma cova ali o enterraremos
Nós plantaremos flor e em roda dançaremos
Até o momento em que eu perder a jarreteira
O rei sua tabaqueira
A infanta o seu rosário
O padre o breviário

LA PORTE

La porte de l'hôtel sourit terriblement
Qu'est-ce que cela peut me faire ô ma maman
D'être cet employé pour qui seul rien n'existe
Pi-mus couples allant dans la profonde eau triste
Anges frais débarqués à Marseille hier matin
J'entends mourir et remourir un chant lointain
Humble comme je suis qui ne suis rien qui vaille

Enfant je t'ai donné ce que j'avais travaille

A PORTA

A porta do hotel sorri terrivelmente
Em que pode mamãe servir-me realmente
Ser eu esse empregado a quem só nada existe
Solhas casais seguindo em água funda e triste
A Marselha ontem cedo anjos frescos chegando
Ouço morrer morrer de novo um longe canto
Humilde como eu sou que nada sou que valha

Criança eu já te dei o que tinha trabalha

MERLIN ET LA VIEILLE FEMME

Le soleil ce jour-là s'étalait comme un ventre
Maternel qui saignait lentement sur le ciel
La lumière est ma mère ô lumière sanglante
Les nuages coulaient comme un flux menstruel

Au carrefour où nulle fleur sinon la rose
Des vents mais sans épine n'a fleuri l'univers
Merlin guettait la vie et l'éternelle cause
Qui fait mourir et puis renaître l'univers

Une vieille sur une mule à chape verte
S'en vint suivant la berge du fleuve en aval
Et l'antique Merlin dans la plaine déserte
Se frappait la poitrine en s'écriant Rival

MERLIM E A VELHA SENHORA

O sol naquele dia igual ventre explodia
Materno que sangrava em lentidão no astral
A luz é minha mãe ó luz vasta sangria
Nuvens a deslizar qual fluxo menstrual

Na encruzilhada onde a rosa tão somente
Dos ventos sem espinho floriu o universo
Merlim sondava a vida e causa permanente
Que faz morrer e renascer logo o universo

Uma velha montada em mula recoberta
Com capa verde veio a descer rio e val
E o antigo Merlim na planície deserta
Batia o próprio peito e exclamava Rival

O mon être glacé dont le destin m'accable
Dont ce soleil de chair grelotte veux-tu voir
Ma Mémoire venir et m'aimer ma semblable
Et quel fils malheureux et beau je veux avoir

Son geste fit crouler l'orgueil des cataclysmes
Le soleil en dansant remuait son nombril
Et soudain le printemps d'amour et d'héroïsme
Amena par la main un jeune jour d'avril

Les voies qui viennent de l'ouest étaient couvertes
D'ossements d'herbes drues de destins et de fleurs
Des monuments tremblants près des charognes vertes
Quand les vents apportaient des poils et des malheurs

Laissant sa mule à petits pas s'en vint l'amante
A petits coups le vent défripait ses atours
Puis les pâles amants joignant leurs mains démentes
L'entrelac de leurs doigts fut leur seul laps d'amour

Ó meu gélido ser cujo fado é fatal
Cujo sol feito carne estremece vem ver
Minha Memória vir e me amar minha igual
E qual filho infeliz e belo quero ser

Seu gesto fez ruir o orgulho dos sismos
O sol dançando o umbigo agitava febril
E logo a primavera de amor e heroísmo
Pela mão trouxe um dia ainda jovem de abril

Os caminhos que vêm do oeste eram juncados
De ossadas de ervas rijas de destino e flores
Monumentos tremendo e esverdeadas carcaças
Quando os ventos traziam pelos e desgraças

Deixando a mula a passos curtos veio a amante
Leves aragens cada adorno a decompor
E os pálidos amantes dando as mãos arfantes
Dos dedos o enlaçar foi seu lapso de amor

Elle balla mimant un rythme d'existence
Criant depuis cent ans j'espérais ton appel
Les astres de ta vie influaient sur ma danse
Morgane regardait du haut du mont Gibel

Ah ! qu'il fait doux danser quand pour vous se déclare
Un mirage où tout chante et que les vents d'horreur
Feignant d'être le rire de la lune hilare
Et d'effrayer les fantômes avant-coureurs

J'ai fait des gestes blancs parmi les solitudes
Des lémures couraient peupler les cauchemars
Mes tournoîments exprimaient les béatitudes
Qui toutes ne sont rien qu'un pur effet de l'Art

Je n'ai jamais cueilli que la fleur d'aubépine
Aux printemps finissants qui voulaient défleurir
Quand les oiseaux de proie proclamaient leurs rapines
D'agneaux mort-nés et d'enfants-dieux qui vont mourir

Ela bailou mimando um ritmo de existência
A bradar faz cem anos te esperava o apelo
Os astros da tua vida influíam-me a dança
Morgana olhava do alto do monte Gibelo

Ah! Como é bom dançar se por vós se declara
Miragem em que tudo canta e que de horrores
Os ventos fingem ser risos da lua hilária
E apavorar os mil fantasmas precursores

Fiz gestos brancos de permeio às solitudes
Lêmures a correr povoavam sonhos feios
Meus giros exprimiam as beatitudes
Que todas não são mais que da Arte um puro efeito

Eu sempre só colhi as flores de espinheiro
No fim da primavera quase fenecendo
Quando já gaviões predavam no terreiro
Cordeiros natimortos bebês-deuses morrendo

Et j'ai vieilli vois-tu pendant ta vie je danse
Mais j'eusse été tôt lasse et l'aubépine en fleurs
Cet avril aurait eu la pauvre confidence
D'un corps de vieille morte en mimant la douleur

Et leurs mains s'élevaient comme un vol de colombes
Clarté sur qui la nuit fondit comme un vautour.
Puis Merlin s'en alla vers l'est disant Qu'il monte
Le fils de la Mémoire égale de l'Amour·

Qu'il monte de la fange ou soit une ombre d'homme
Il sera bien mon fils mon ouvrage immortel
Le front nimbé de feu sur le chemin de Rome
Il marchera tout seul en regardant le ciel

La dame qui m'attend se nomme Viviane
Et vienne le printemps des nouvelles douleurs
Couché parmi la marjolaine et les pas-d'âne
Je m'éterniserai sous l'aubépine en fleurs

E envelheci tu vês em tua vida eu danço
Mas me cansara logo e o espinheiro em flor
Este abril teria tido a pobre confidência
De um corpo de anciã morta mimando a dor

E as suas mãos a erguer-se pombas a revoar
Claridade que à noite baixou qual condor.
Depois Merlim se foi para o leste a bradar
Que suba O filho da Memória é igual ao Amor

Que do lodo ele suba ou seja de homem sombra
Será sempre meu filho e minha obra imortal
A fronte incendiada a caminho de Roma
A andar sozinho olhando o espaço sideral

A dama a me esperar chama-se Viviana
E venha a primavera em renovadas dores
Deitado em manjerona e sobre tenra grama
Eu me eternizarei sob o espinhal em flores

SALTIMBANQUES

A Louis Dumur

Dans la plaine les baladins
S'éloignent au long des jardins
Devant l'huis des auberges grises
Par les villages sans églises

Et les enfants s'en vont devant
Les autres suivent en rêvant
Chaque arbre fruitier se résigne
Quand de très loin ils lui font signe

Ils ont des poids ronds ou carrés
Des tambours des cerceaux dorés
L'ours et le singe animaux sages
Quêtent des sous sur leur passage

SALTIMBANCOS

A Louis Dumur

Na planície os desocupados
Caminham longe dos cercados
Defronte às portas e às janelas
Por vilarejos sem capelas

E vão-se as crianças à frente
Outros vão com sonho e ilusão
Cada pé de fruta se pende
Quando abanam de longe a mão

Têm pesos em roda ou quadrados
Tambores xadrezes dourados
O urso e o símio em ato exemplar
Pedem moedas ao passar

LE LARRON

CHŒUR

Maraudeur étranger malheureux malhabile
Voleur voleur que ne demandais-tu ces fruits
Mais puisque tu as faim que tu es en exil
Il pleure il est barbare et bon pardonnez-lui

LARRON

Je confesse le vol des fruits doux des fruits mûrs
Mais ce n'est pas l'exil que je viens simuler
Et sachez que j'attends de moyennes tortures
Injustes si je rends tout ce que j'ai volé

VIEILLARD

Issu de l'écume des mers comme Aphrodite
Sois docile puisque tu es beau Naufragé
Vois les sages te font des gestes socratiques
Vous parlerez d'amour quand il aura mangé

O LADRÃO

CORO

Vagabundo estrangeiro infeliz e aloprado
Ladrão ladrão tais frutos tu querias tanto
Mas pois que estás faminto e que estás exilado
Chora e é bom e bárbaro perdoai-o entanto

LADRÃO

Confesso que roubei frutos bons e maduros
Mas o exílio não é o que vim simular
E sabei não mereço uns castigos tão duros
E injustos se devolvo o que vim de roubar

ANCIÃO

Da espuma do mar vindo tal como Afrodite
Sê dócil pois que és um belo Naufragado
Fazem-te os sábios vê socrático convite
Falareis sobre o amor depois de alimentado

CHŒUR

Maraudeur étranger malhabile et malade
Ton père fut un sphinx et ta mère une nuit
Qui charma de lueurs Zacinthe et les Cyclades
As-tu feint d'avoir faim quand tu volas les fruits

LARRON

Possesseurs de fruits mûrs que dirai-je aux insultes
Ouïr ta voix ligure en nénie ô maman
Puisqu'ils n'eurent enfin la pubère et l'adulte
Du prétexte sinon que s'aimer nuitamment

Il y avait des fruits tout ronds comme des âmes
Et des amandes de pomme de pin jonchaient
Votre jardin marin où j'ai laissé mes rames
Et mon couteau punique au pied de ce pêcher

Les citrons couleur d'huile et à saveur d'eau froide
Pendaient parmi les fleurs des citronniers tordus
Les oiseaux de leur bec ont blessé vos grenades
Et presque toutes les figues étaient fendues

CORO

Vagabundo estrangeiro inábil e faminto
Teu pai foi uma esfinge e tua mãe luares
Que encantou de clarões Cíclades e Jacinto
Fingiste estar com fome ao as frutas roubares

LADRÃO

Possuidores de fruta o que direi a insultos
Ouvir-te a voz em nênia ó minha mãe figura
Pois não tinham enfim a púbere e o adulto
Do pretexto senão amar-se em noite escura

Havia frutas como almas rotundas sei
E juncavam o chão amêndoas de pinheiro
Desse jardim marinho onde os remos deixei
E a púnica faca ao pé do pessegueiro

Os limões cor de azeite e gosto de água fria
Pendiam em meio à flor dos limoeiros curvados
O pássaro a bicar tuas romãs feria
E os figos quase todos estavam rachados

L'ACTEUR

Il entra dans la salle aux fresques qui figurent
L'inceste solaire et nocturne dans les nues
Assieds-toi là pour mieux ouïr les voix ligures
Au son des cinyres des Lydiennes nues

Or les hommes ayant des masques de théâtre
Et les femmes ayant des colliers où pendait
La pierre prise au foie d'un vieux coq de Tanagre
Parlaient entre eux le langage de la Chaldée

Les autans langoureux dehors feignaient l'automne
Les convives c'étaient tant de couples d'amants
Qui dirent tour à tour Voleur je te pardonne.
Reçois d'abord le sel puis le pain de froment

Le brouet qui froidit sera fade à tes lèvres
Mais l'outre en peau de bouc maintient frais le vin blanc
Par ironie veux-tu qu'on serve un plat de fèves
Ou des beignets de fleurs trempés dans du miel blond

O ATOR

Ele entrou pela sala onde afrescos figuram
O incesto solar e noturno das nuvens
Senta-te ali pra ouvir melhor as vozes lígures
Das ciniras ao som das lidianas nuvens

Ora os homens usando máscaras teatrais
E as mulheres a usar colar e camafeu
De pedra retirada em partes viscerais
Do galo de Tanagre a falar em caldeu

Fora ventos do sul fingiam o outono
Os convivas casais eram todos de amantes
Que a seu turno disseram Ladrão te perdoo
Come o pão de centeio e um pouco de sal antes

O caldo já esfriado é insosso ao paladar
Mas o odre de cabrito mantém fresco o vinho
Por ironia queres favas degustar
Ou bolinho de flor molhado em mel branquinho

Une femme lui dit Tu n'invoques personne
Crois-tu donc au hasard qui coule au sablier
Voleur connais-tu mieux les lois malgré les hommes
Veux-tu le talisman heureux de mon collier

Larron des fruits tourne vers moi tes yeux lyriques
Emplissez de noix la besace du héros
Il est plus noble que le paon pythagorique
Le dauphin la vipère mâle ou le taureau

Qui donc es-tu toi qui nous vins grâce au vent scythe
Il en est tant venu par la route ou la mer
Conquérants égarés qui s'éloignaient trop vite
Colonnes de clins d'yeux qui fuyaient aux éclairs

CHŒUR

Un homme bègue ayant au front deux jets de flammes
Passa menant un peuple infime pour l'orgueil
De manger chaque jour les cailles et la manne
Et d'avoir vu la mer ouverte comme un œil

Disse-lhe uma mulher Não invocas ninguém
No fado crês então da ampulheta a escoar
Ladrão malgrado os homens leis conheces bem
Queres o talismã feliz do meu colar

O teu lírico olhar volve a mim ó ladrão
Enchei de nozes o embornal do grande herói
Mais nobre ele é do que o pitagórico pavão
O delfim a cobra macho o forte boi

Quem és então que o vento cita nos legou
Vieram tantos pela estrada ou pelo mar
Conquistadores que se iam tão depressa
Colunas a piscar fugindo num brilhar

CORO

Um homem gago tendo à fronte fogo em jatos
Passou levando ínfimo povo a se orgulhar
De comer cada dia rolas e maná
E de ter visto como um olho abrir-se o mar

Les puiseurs d'eau barbus coiffés de bandelettes
Noires et blanches contre les maux et les sorts
Revenaient de l'Euphrate et les yeux des chouettes
Attiraient quelquefois les chercheurs de trésors

Cet insecte jaseur ô poète barbare
Regagnait chastement à l'heure d'y mourir
La forêt précieuse aux oiseaux gemmipares
Aux crapauds que l'azur et les sources mûrirent.

Un triomphe passait gémir sous l'arc-en-ciel
Avec de blêmes laurés debout dans les chars
Les statues suant les scurriles les agnelles
Et l'angoisse rauque des paonnes et des jars

Les veuves précédaient en égrenant des grappes
Les évêques noirs révérant sans le savoir
Au triangle isocèle ouvert au mors des chapes
Pallas et chantaient l'hymne à la belle mais noire

Aguadeiros barbudos cabeças com fitas
Pretas e brancas contra os males e os agouros
Voltavam do Eufrates e o olhar das corujas
Atraíam às vezes a caça aos tesouros

Esse inseto falante ó menestrel bárbaro
À hora de morrer castamente voltava
À floresta preciosa aos pássaros gemíparos
Aos sapos que o azul e as fontes maturavam

Um triunfo passava a gemer o arco da velha
Com pálidos laureados em carros erguidos
As estátuas suando os momos as ovelhas
E das pavoas e dos gansos os roucos gemidos

As viúvas precediam despencando cachos
Os negros bispos a cultuar mas o ignorando
No isósceles triângulo que fecha as capas
Palas e o hino à bela e negra iam cantando

Les chevaucheurs nous jetèrent dans l'avenir
Les alcancies pleines de cendre ou bien de fleurs
Nous aurons des baisers florentins sans le dire
Mais au jardin ce soir tu vins sage et voleur

Ceux de ta secte adorent-ils un signe obscène ;
Belphégor le soleil le silence ou le chien
Cette furtive ardeur des serpents qui s'entr'aiment

L'ACTEUR

Et le larron des fruits cria Je suis chrétien

CHŒUR

Ah ! Ah ! les colliers tinteront cherront les masques
Va-t'en va-t'en contre le feu l'ombre prévaut
Ah ! Ah ! le larron de gauche dans la bourrasque
Rira de toi comme hennissent les chevaux

FEMME

Larron des fruits tourne vers moi tes yeux lyriques
Emplissez de noix la besace du héros
Il est plus noble que le paon pythagorique
Le dauphin la vipère mâle ou le taureau

Os cavaleiros nos lançaram no futuro
As alcancias cheias de cinzas ou flores
Teremos beijos fundos sem dizê-lo
Mas ao horto hoje vieste ladrão com pudores

Os de sua seita adoram um sinal obsceno;
Belfegor o sol o silêncio ou o cão
Este furtivo ardor de serpentes que se amam

O ATOR

E o ladrão de frutas gritou Sou cristão

CORO

Ah! Ah! Soarão colares cairão as máscaras
Vai-te vai-te ao fogo a treva vencerá
Ah! Ah! Esse ladrão de esquerda na borrasca
Como relincham os cavalos se rirá

MULHER

O teu lírico olhar volve a mim ó ladrão
Enchei de nozes o embornal do grande herói
Mais nobre ele é do que o pitagórico pavão
O delfim a cobra macho o forte boi

CHŒUR

Ah ! Ah ! nous secouerons toute la nuit les sistres
La voix ligure était-ce donc un talisman
Et si tu n'es pas de droite tu es sinistre
Comme une tache grise ou le pressentiment

Puisque l'absolu choit la chute est une preuve
Qui double devient triple avant d'avoir été
Nous avouons que les grossesses nous émeuvent
Les ventres pourront seuls nier l'aséité

Vois les vases sont pleins d'humides fleurs morales
Va-t'en mais dénudé puisque tout est à nous
Ouïs du chœur des vents les cadences plagales
Et prends l'arc pour tuer l'unicorne ou le gnou

L'ombre équivoque et tendre est le deuil de ta chair
Et sombre elle est humaine et puis la nôtre aussi
Va-t'en le crépuscule a des lueurs légères
Et puis aucun de nous ne croirait tes récits

CORO

Ah! Ah! Sacudiremos toda a noite os sistros
A voz lígure era então um talismã
E se não és de destra tu és sinistro
Como uma nódoa cinza ou presciência vã

Pois que o absoluto cai a queda é uma prova
Que dupla se triplica ao se realizar
As gravidezes certamente nos comovem
Só ventres poderão a asseidade negar

Vê os vasos estão plenos de flores morais
E humildes Posto que é tudo nosso vai nu
Ouvidos das aragens cadências locais
Pega o arco pra matar o unicórnio ou o gnu

A ambígua e tênue sombra é o luto da carne
E sombria é humana e a nossa também
Vai-te tem o crepúsculo clarões ligeiros
Depois no teu narrar não creria ninguém

Il brillait et attirait comme la pantaure
Que n'avait-il la voix et les jupes d'Orphée
Et les femmes la nuit feignant d'être des taures
L'eussent aimé comme on l'aima puisqu'en effet

Il était pâle il était beau comme un roi ladre
Que n'avait-il la voix et les jupes d'Orphée
La pierre prise au foie d'un vieux coq de Tanagre
Au lieu du roseau triste et du funèbre faix

Que n'alla-t-il vivre à la cour du roi d'Édesse
Maigre et magique il eût scruté le firmament
Pâle et magique il eût aimé des poétesses
Juste et magique il eût épargné les démons

Va-t'en errer crédule et roux avec ton ombre
Soit ! la triade est mâle et tu es vierge et froid
Le tact est relatif mais la vue est oblongue
Tu n'as de signe que le signe de la croix

Ele como a pantaura brilhava e atraía
Por que não tinha a voz e as saias de Orfeu
Cada mulher à noite ser toura fingia
E o teria amado com amor no apogeu

Pois era pálido e era belo qual rei ladro
Por que não tinha a voz e as saias de Orfeu
A pedra retirada a um galo de Tanagro
Em vez da cana triste e o mortal fardo seu

Por que não frequentou do rei de Edessa a corte
Magro e mágico houvera o alto céu sondado
Pálido e magro houvera com poetisas sorte
Justo e mágico houvera os demônios poupado

Vai-te a errar crédulo e ruivo com tua sombra
Seja! A tríade é macha e és virgem e frio
O tato é relativo mas a vista é oblonga
Outro sinal não tens senão o sinal da cruz

LE VENT NOCTURNE

Oh ! les cimes des pins grincent en se heurtant
Et l'on entend aussi se lamenter l'autan
Et du fleuve prochain à grand'voix triomphales
Les elfes rire au vent ou corner aux rafales
Attys Attys Attys charmant et débraillé
C'est ton nom qu'en la nuit les elfes ont raillé
Parce qu'un de tes pins s'abat au vent gothique
La forêt fuit au loin comme une armée antique
Dont les lances ô pins s'agitent au tournant
Les villages éteints méditent maintenant
Comme les vierges les vieillards et les poètes
Et ne s'éveilleront au pas de nul venant
Ni quand sur leurs pigeons fondront les gypaètes

O VENTO NOTURNO

Oh! Os cimos dos pinhos rangendo se vão
Também se ouve queixar-se o vento suão
E do rio contíguo em vozes triunfais
Os elfos rir ao vento ou marrar mais e mais
Átis, Átis, Átis tão belo e desbragado
É teu nome que à noite os elfos têm ralhado
Porque ao gótico vento um pinho cai por terra
Foge ao longe a floresta como hostes de outra era
Cujas lanças ó pinho agitam-se à virada
Meditam neste instante as vilas mais discretas
Como fazem as virgens velhos e poetas
E não despertarão de um chegante às passadas
Nem quando o gipaeto aos pombos dão caçadas

LUL DE FALTENIN

A Louis de Gonzague Frick

Sirènes j'ai rampé vers vos
Grottes tiriez aux mers la langue
En dansant devant leurs chevaux
Puis battiez de vos ailes d'anges
Et j'écoutais ces chœurs rivaux

Une arme ô ma tête inquiète
J'agite un feuillard défleuri
Pour écarter l'haleine tiède
Qu'exhalent contre mes grands cris
Vos terribles bouches muettes

Il y a là-bas la merveille
Au prix d'elle que valez-vous
Le sang jaillit de mes otelles
A mon aspect et je l'avoue
Le meurtre de mon double orgueil

LUL DE FALTENIN

A Louis de Gonzague Frick

Sereias rojei-me até os valos
Vossos Púnheis a língua ao mar
Dançando diante dos cavalos
Tínheis asas de anjo a vibrar
E eu coros rivais a escutar

Uma arma ó cabeça inquieta
Agito galhos desflorados
Pra afastar o bafo que afeta
Dos meus brados exalado
Os terríveis lábios calados

Lá longe tudo está tão belo
A seu lado que valeis vós
O sangue jorra em meus ocelos
Ao meu aspecto ouvi-me a voz
Morre o meu duplo orgulho atroz

Si les bateliers ont ramé
Loin des lèvres à fleur de l'onde
Mille et mille animaux charmés
Flairant la route à la rencontre
De mes blessures bien-aimées

Leurs yeux étoiles bestiales
Éclairent ma compassion
Qu'importe ma sagesse égale
Celle des constellations
Car c'est moi seul nuit qui t'étoile

Sirènes enfin je descends
Dans une grotte avide J'aime
Vos yeux Les degrés sont glissants
Au loin que vous devenez naines
N'attirez plus aucun passant

Dans l'attentive et bien-apprise
J'ai vu feuilloler nos forêts
Mer le soleil se gargarise
Où les matelots désiraient
Que vergues et mâts reverdissent

Se os barqueiros têm remado
Longe dos lábios à flor d'água
Aos mil animais encantados
Cheirando a pista têm buscado
As minhas bem-amadas chagas

Seus olhos astros bestiais
Clareiam minhas compaixões
Que valem sabenças pares
Àquelas das constelações
Pois sou-te eu noites estelares

Sereias enfim vou avante
Em ávida gruta Eu adoro
Vosso olhar Os degraus são
Lisos De longe sois anão
Não atraís qualquer passante

Na atenta e na tão benfazeja
Vi que as nossas matas folheavam
Mar esse sol se gargareja
Onde os marujos desejavam
Vergas e mastros reverdeçam

Je descends et le firmament
S'est changé très vite en méduse
Puisque je flambe atrocement
Que mes bras seuls sont les excuses
Et les torches de mon tourment

Oiseaux tiriez aux mers la langue
Le soleil d'hier m'a rejoint
Les otelles nous ensanglantent
Dans le nid des Sirènes loin
Du troupeau d'étoiles oblongues

Eu vou descendo e o firmamento
Mudou-se rápido em medusa
Pois flamejo tão atrozmente
Que só meus braços são escusas
E as tochas deste meu tormento

Aves púnheis a língua ao mar
Alcançou-me o sol de ontem
Otelos fazem-nos sangrar
No ninho das Sereias longe
Do oblongo redil estelar

LA TZIGANE

La tzigane savait d'avance
Nos deux vies barrées par les nuits
Nous lui dîmes adieu et puis
De ce puits sortit l'Espérance

L'amour lourd comme un ours privé
Dansa debout quand nous voulûmes
Et l'oiseau bleu perdit ses plumes
Et les mendiants leurs *Ave*

On sait très bien que l'on se damne
Mais l'espoir d'aimer en chemin
Nous fait penser main dans la main
A ce qu'a prédit la tzigane

A CIGANA

Sabia a cigana de antemão
Que noites nos barram as vidas
Dissemos-lhe adeus e então
Desse poço a Esperança é saída

O amor grave um urso privado
Dançou de pé se se queria
Pássaro azul foi desplumado
Perdeu o mendigo a *Ave-Maria*

Sabe cada um que se dana
Mas a fé no amor a caminho
Faz-nos pensar sempre juntinhos
No que nos predisse a cigana

L'ERMITE

A Felix Fénéon

Un ermite déchaux près d'un crâne blanchi
Cria Je vous maudis martyres et détresses
Trop de tentations malgré moi me caressent
Tentations de lune et de logomachies

Trop d'étoiles s'enfuient quand je dis mes prières
O chef de morte O vieil ivoire Orbites Trous
Des narines rongées J'ai faim Mes cris s'enrouent
Voici donc pour mon jeûne un morceau de gruyère

O Seigneur flagellez les nuées du coucher
Qui vous tendent au ciel de si jolis culs roses
Et c'est le soir les fleurs de jour déjà se closent
Et les souris dans l'ombre incantent le plancher

O EREMITA

A Félix Fénéon

Eremita descalço junto à caveira nua
Gritou amaldiçoo martírio e apatia
Tentações por demais adulam-me à porfia
São de logomaquia e tentações de lua

Fogem estrelas mil quando faço uma prece
Ó crânio de defunta Ó velho marfim Furos
Das narinas roídas Que fome Ais inseguros
Eis para o desjejum um pouco de *gruyère*

Ó Senhor flagelai as nuvens do poente
Que vos propõem no céu belos cuzinhos rosas
E é noite as flores diurnas fecham-se zelosas
E os ratinhos na noite encantam o chão quente

Les humains savent tant de jeux l'amour la mourre
L'amour jeu des nombrils ou jeu de la grande oie
La mourre jeu du nombre illusoire des doigts
Seigneur faites Seigneur qu'un jour je m'enamoure

J'attends celle qui me tendra ses doigts menus
Combien de signes blancs aux ongles les paresses
Les mensonges pourtant j'attends qu'elle les dresse
Ses mains enamourées devant moi l'Inconnue

Seigneur que t'ai-je fait Vois Je suis unicorne
Pourtant malgré son bel effroi concupiscent
Comme un poupon chéri mon sexe est innocent
D'être anxieux seul et debout comme une borne

Seigneur le Christ est nu jetez jetez sur lui
La robe sans couture éteignez les ardeurs
Au puits vont se noyer tant de tintements d'heures
Quand isochrones choient des gouttes d'eau de pluie

Os homens sabem tanto em jogo o amor a mora
O amor jogo de umbigo ou o jogo do gansão
Mora jogo do número os dedos ilusão
Senhor fazei Senhor que um dia eu me enamore

Espero quem me estenda os dedinhos assim
Branquinhos com sinais nas unhas a preguiça
As mentiras no entanto espero que as dirija
Sua mão enamorada a Incógnita ante mim

Senhor que te fiz eu Vê Eu sou unicórnio
E em que pese o pavor belo e concupiscente
Como um bebê querido o meu sexo é inocente
De estar ansioso a sós qual marco divisório

Senhor Cristo está nu lançai lançai sobre ele
A túnica inconsútil apagai as fráguas
No poço se afogar vão tantos toques de horas
Quando isócrones caem de chuva as gotas d'água

J'ai veillé trente nuits sous les lauriers-roses
As-tu sué du sang Christ dans Gethsémani
Crucifié réponds Dis non Moi je le nie
Car j'ai trop espéré en vain l'hématidrose

J'écoutais à genoux toquer les battements
Du cœur le sang roulait toujours en ses artères
Qui sont de vieux coraux ou qui sont des clavaires
Et mon aorte était avare éperdument

Une goutte tomba Sueur Et sa couleur
Lueur Le sang si rouge et j'ai ri des damnés
Puis enfin j'ai compris que je saignais du nez
A cause des parfums violents de mes fleurs

Et j'ai ri du vieil ange qui n'est point venu
De vol très indolent me tendre un beau calice
J'ai ri de l'aile grise et j'ôte mon cilice
Tissé de crins soyeux par de cruels canuts

Eu velei trinta noites sob os louros-rosa
Suaste sangue Cristo no horto de Getsêmani
Cravado à cruz responde Diz não Eu nego aqui
Pois já esperei demais em vão a hematidrose

Ouvia de joelhos soar as batidas
Do coração o sangue a rolar-lhe nos vasos
Que são velhos corais ou que são fungos rasos
E minha aorta estava uma avara perdida

Uma gota caiu Suor E a sua cor
Luar O sangue é rubro e dos réus eu zombava
Depois compreendi que o meu nariz sangrava
Por causa desse odor violento da flor

E ri do velho anjo que nunca chegou
Com um voo indolente uma taça a ofertar-me
Eu ri da asa gris do cilício ao livrar-me
Que em fios de seda pura um tecelão criou

Vertuchou Riotant des vulves des papesses
De saintes sans tetons j'irai vers les cités
Et peut-être y mourir pour ma virginité
Parmi les mains les peaux les mots et les promesses

Malgré les autans bleus je me dresse divin
Comme un rayon de lune adoré par la mer
En vain j'ai supplié tous les saints aémères
Aucun n'a consacré mes doux pains sans levain

Et je marche Je fuis ô nuit Lilith ulule
Et clame vainement et je vois de grands yeux
S'ouvrir tragiquement O nuit je vois tes cieux
S'étoiler calmement de splendides pilules

Un squelette de reine innocente est pendu
A un long fil d'étoile en désespoir sévère
La nuit les bois sont noirs et se meurt l'espoir vert
Quand meurt le jour avec un râle inattendu

Vertuchou Riotant das vulvas das papisas
De santas sem tetinha irei para as cidades
E talvez morrer lá por minha virgindade
Entre as promessas entre mãos e peles lisas

Malgrado suões azuis eu divino me ostento
Como um raio de lua adorado do mar
Em vão eu supliquei aos santos sem altar
Nenhum quis consagrar os meus pães sem fermento

E eu caminho E eu fujo ó noite Lilith ulula
E clamo em vão e vejo um muito grande olhar
Tragicamente abrir-se Ó noite e se estrelar
Em teu céu calmamente esplêndidas fagulhas

Um esqueleto pende inocente rainha
A longo fio de estrela em desespero e horror
São negros noite e bosque e a esperança definha
Ao morrer cada dia em súbito estertor

Et je marche je fuis ô jour l'émoi de l'aube
Ferma le regard fixe et doux de vieux rubis
Des hiboux et voici le regard des brebis
Et des truies aux tetins roses comme des lobes

Des corbeaux éployés comme des tildes font
Une ombre vaine aux pauvres champs de seigle mûr
Non loin des bourgs où des chaumières sont impures
D'avoir des hiboux morts cloués à leur plafond

Mes kilomètres longs Mes tristesses plénières
Les squelettes de doigts terminant les sapins
Ont égaré ma route et mes rêves poupins
Souvent et j'ai dormi au sol des sapinières

Enfin O soir pâmé Au bout de mes chemins
La ville m'apparut très grave au son des cloches
Et ma luxure meurt à présent que j'approche
En entrant j'ai béni les foules des deux mains

E eu ando e fujo ó dia o choque da manhã
Fechou o olhar fixo que ao rubi semelha
Dos mochos e eis agora o olhar das ovelhas
E das porcas de tetas róseas quais maçãs

E os corvos a estender-se aparentam ser
Sombra em cima dos pobres campos de centeio
Dos burgos não longe onde há casas sem asseio
Por no teto colados mochos mortos ter

Meus quilômetros longos Tristezas plenárias
Esqueletos de dedo os pinhais encimando
Foram-me a rota e os sonhos de outrora desviando
Por vezes e eu dormi sob as araucárias

Enfim Noite pasmada Ao fim de minha estrada
A cidade surgiu ao som dos carrilhões
E morre-me a luxúria agora na chegada
Entrando abençoei a turba com as mãos

Cité j'ai ri de tes palais tels que des truffes
Blanches au sol fouillé de clairières bleues
Or mes désirs s'en vont tous à la queue leu leu
Ma migraine pieuse a coiffé sa cucuphe

Car toutes sont venues m'avouer leurs péchés
Et Seigneur je suis saint par le vœu des amantes
Zélotide et Lorie Louise et Diamante
On dit Tu peux savoir ô toi l'effarouché

Ermite absous nos fautes jamais vénielles
O toi le pur et le contrit que nous aimons
Sache nos cœurs cache les jeux que nous aimons
Et nos baisers quintessenciés comme du miel

Et j'absous les aveux pourpres comme leur sang
Des poétesses nues des fées des fornarines
Aucun pauvre désir ne gonfle ma poitrine
Lorsque je vois le soir les couples s'enlaçant

Cidade eu ri dos teus palácios de alcaçuz
Brancos no solo remexido da clareira
Ora os desejos meus todos vão-se em carreira
Minha enxaqueca pia vestiu seu capuz

Pois todos me vieram faltas confessar
E Senhor eu sou santo ao voto das amantes
Zelótida e Lorie Luísa e Diamante
Dizem Tu espantado podes pôr-te a par

Eremita perdoa os não veniais pecados
Ó tu que és o puro e que és contrito a quem amamos
Sabe que o coração veda os jogos que amamos
E qual mel nossos beijos quitessenciados

E as juras eu absolvo qual sangue escarlate
Das poetisas nuas fornarinas fadas
Nenhum pobre desejo faz minha alma inflada
Quando vejo os casais enlaçados no embate

Car je ne veux plus rien sinon laisser se clore
Mes yeux couple lassé au verger pantelant
Plein du râle pompeux des groseilliers sanglants
Et de la sainte cruauté des passiflores

Pois não quero mais nada é fechar-se à vontade
Meus olhos par cansado em vergel ofegando
No pomposo estertor das groselhas sangrando
E das passífloras a santa crueldade

AUTOMNE

Dans le brouillard s'en vont un paysan cagneux
Et son bœuf lentement dans le brouillard d'automne
Qui cache les hameaux pauvres et vergogneux

Et s'en allant là-bas le paysan chantonne
Une chanson d'amour et d'infidélité
Qui parle d'une bague et d'un cœur que l'on brise

Oh ! l'automne l'automne a fait mourir l'été
Dans le brouillard s'en vont deux silhouettes grises

OUTONO

Na cerração se vão um camponês coxeando
E seu boi devagar na cerração de outono
Que esconde as vilas pobres e em abandono

E se indo ao longe o camponês cantarolando
Uma canção de amor jamais correspondido
Fala de um anel e um coração partido

Oh! O outono o outono matou o verão
Dois vultos cinza vão-se pela cerração

L'ÉMIGRANT DE LANDOR ROAD

A André Billy

Le chapeau à la main il entra du pied droit
Chez un tailleur très chic et fournisseur du roi
Ce commerçant venait de couper quelques têtes
De mannequins vêtus comme il faut qu'on se vête

La foule en tous les sens remuait en mêlant
Des ombres sans amour qui se traînaient par terre
Et des mains vers le ciel plein de lacs de lumière
S'envolaient quelquefois comme des oiseaux blancs

Mon bateau partira demain pour l'Amérique
Et je ne reviendrai jamais
Avec l'argent gagné dans les prairies lyriques
Guider mon ombre aveugle en ces rues que j'aimais

O EMIGRANTE DE LANDOR ROAD

A André Billy

Com o chapéu na mão entrou de pé direito
Num alfaiate chique onde era sempre feito
O costume do rei Esse comerciante
Decapitara manequins traje elegante

A turba sem amor mesclava em confusão
Sombras que se arrastavam ali pelo chão
E de mãos para o céu com laços bem brilhantes
Subiam muita vez como aves alvejantes

Para a América o meu barco amanhã partirá
E nunca irei voltar
Com o dinheiro ganho em planícies sem par
Nestas ruas que amava o meu vulto a guiar

Car revenir c'est bon pour un soldat des Indes
Les boursiers ont vendu tous mes crachats d'or fin
Mais habillé de neuf je veux dormir enfin
Sous des arbres pleins d'oiseaux muets et de singes

Les mannequins pour lui s'étant déshabillés
Battirent leurs habits puis les lui essayèrent
Le vêtement d'un lord mort sans avoir payé
Au rabais l'habilla comme un millionnaire

Au dehors les années
Regardaient la vitrine
Les mannequins victimes
Et passaient enchaînées

Intercalées dans l'an c'étaient les journées veuves
Les vendredis sanglants et lents d'enterrements
De blancs et de tout noirs vaincus des cieux qui pleuvent
Quand la femme du diable a battu son amant

Pois regressar é bom das Índias para os soldados
Os bolsistas venderam meus escarros de ouro
Mas quero enfim dormir vestido em traje novo
Sob árvores com mono e pássaros calados

Estando os manequins para ele despojados
Bateram sua roupa e nele exp'rimentaram
As vestes de um lorde morto sem ter pago
Com desconto o vestiram como um milionário

Os anos lá de fora
Olhavam a vitrina
Dos manequins a sina
E iam logo embora

Os dias de viuvez no ano intercalados
Sextas-feiras de sangue e enterros estafantes
De brancos e bem pretos sob céus molhados
Quando a mulher do diabo espancou seu amante

Puis dans un port d'automne aux feuilles indécises
Quand les mains de la foule y feuillolaient aussi
Sur le pont du vaisseau il posa sa valise
Et s'assit

Les vents de l'Océan en soufflant leurs menaces
Laissaient dans ses cheveux de longs baisers mouillés
Des émigrants tendaient vers le port leurs mains lasses
Et d'autres en pleurant s'étaient agenouillés

Il regarda longtemps les rives qui moururent
Seuls des bateaux d'enfant tremblaient à l'horizon
Un tout petit bouquet flottant à l'aventure
Couvrit l'Océan d'une immense floraison

Il aurait voulu ce bouquet comme la gloire
Jouer dans d'autres mers parmi tous les dauphins
Et l'on tissait dans sa mémoire
Une tapisserie sans fin
Qui figurait son histoire

Num porto então de outono folhas indecisas
Quando também as mãos do povo ia folheando
No convés do navio deixou sua valisa
E foi se sentando

O vento do oceano a soprar ameaças
Deixava em seu cabelo beijos encharcados
Migrantes estendiam ao porto as mãos lassas
e outros só ficavam chorando ajoelhados

Ele olhou longamente a praia evanescente
Só barcos infantis no horizonte a tremer
Um pequeno buquê flutuando na corrente
O Oceano cobriu de imenso florescer

Quisera ele tal buquê qual fora a glória
Noutros mares brincar com todos os delfins
E se tecia em sua memória
Um tapete sem fim
A figurar-lhe a história

Mais pour noyer changées en poux
Ces tisseuses têtues qui sans cesse interrogent
Il se maria comme un doge
Aux cris d'une sirène moderne sans époux

Gonfle-toi vers la nuit O Mer Les yeux des squales
Jusqu'à l'aube ont guetté de loin avidement
Des cadavres de jours rongés par les étoiles
Parmi le bruit des flots et les derniers serments

Mas pra afogar às pulgas igual
Tais tecelãs sem trégua a interrogar não fogem
Casou-se ele como um doge
Aos gritos de sereia sem esposo e atual

Infla-te contra a noite Ó Mar Olhos de esqualos
Espreitaram de longe em ansiar desmedido
Cadáveres de dias de estrelas roídos
Entre o rumor da vaga e juras sem abalos

ROSEMONDE

A André Derain

Longtemps au pied du perron de
La maison où entra la dame
Que j'avais suivie pendant deux
Bonnes heures à Amsterdam
Mes doigts jetèrent des baisers

Mais le canal était désert
Le quai aussi et nul ne vit
Comment mes baisers retrouvèrent
Celle à qui j'ai donné ma vie
Un jour pendant plus de deux heures

Je la surnommai Rosemonde
Voulant pouvoir me rappeler
Sa bouche fleurie en Hollande
Puis lentement je m'allai
Pour quêter la Rose du Monde

ROSEMUNDA

A André Derain

Longamente ao pé do terraço
Da casa onde entrara essa dama
Que eu havia seguido a passo
Duas horas em Amsterdam
Joguei-lhe beijos pelo espaço

Mas o canal estava ermo
O cais também Ninguém vivia
Como chegar meu beijo a termo
Junto àquela a quem dei minha vida
Um dia duas horas em seguida

Apelidei-a Rosemunda
Querendo poder me lembrar
De sua boca em flores na Holanda
Depois devagar pus-me a andar
Para achar a Rosa do Mundo

LE BRASIER

A Paul-Napoléon Roinard

J'ai jeté dans le noble feu
Que je transporte et que j'adore
De vives mains et même feu
Ce Passé ces têtes de morts
Flamme je fais ce que tu veux

Le galop soudain des étoiles
N'étant que ce qui deviendra
Se mêle au hennissement mâle
Des centaures dans leurs haras
Et des grand'plaintes végétales

Où sont ces têtes que j'avais
Où est le Dieu de ma jeunesse
L'amour est devenu mauvais
Qu'au brasier les flammes renaissent
Mon âme au soleil se dévêt

O BRASEIRO

A Paul-Napoleón Roinard

Atirei na nobre fogueira
Que eu transporto e prezo tanto
Vivas mãos e mesma fogueira
Esse Passado essas caveiras
Chama eu só faço o que é teu mando

Dos astros súbito trotar
Sendo só o que se tornará
Mescla-se ao macho relinchar
Desses centauros em seus haras
E dos vegetais queixas raras

O que é das cabeças que eu tinha
Então E o Deus da juventude
O amor virou coisa mesquinha
Que ao beijo o fogo volte amiúde
Minha alma ao sol se desnuda

Dans la plaine ont poussé des flammes
Nos cœurs pendent aux citronniers
Les têtes coupées qui m'acclament
Et les astres qui ont saigné
Ne sont que des têtes de femmes

Le fleuve épinglé sur la ville
T'y fixe comme un vêtement
Partant à l'amphion docile
Tu subis tous les tons charmants
Qui rendent les pierres agiles

Na planície brotaram chamas
Nossos corações são pendentes
Do limoeiro os crânios me aclamam
E os astros com sangue vertente
São apenas cabeças de damas

O rio à urbe alfinetado
A ela te fixa igual vestido
Partindo ao anfião cordato
Tomas cada tom encantado
Que às pedras dão vida e sentido

Je flambe dans le brasier à l'ardeur adorable
Et les mains des croyants m'y rejettent multiple innombrablement
Les membres des intercis flambent auprès de moi
Éloignez du brasier les ossements
Je suffis pour l'éternité à entretenir le feu de mes délices
Et des oiseaux protègent de leurs ailes ma face et le soleil

O Mémoire Combien de races qui forlignent
Des Tyndarides aux vipères ardentes de mon bonheur
Et les serpents ne sont-ils que les cous des cygnes
Qui étaient immortels et n'étaient pas chanteurs
Voici ma vie renouvelée
De grands vaisseaux passent et repassent
Je trempe une fois encore mes mains dans l'Océan

Eu queimo no braseiro de ardor adorável
E as mãos dos crentes ali me jogam múltiplo inumera-
    velmente
Os membros dos intercisos queimam junto a mim
Afastai dos braseiros as ossadas
Basto eu para a eternidade a manter o fogo de minhas
    delícias
E pássaros protegem com as asas o meu rosto e o sol

Ó Memória Quantas raças há que degeneram
Das Tindárides às víboras ardentes de minha dita
E as serpentes não só o colo dos cisnes são
Que eram imortais mas nem cantores eram
Eis-me a vida em renovação
Grandes barcos passam e repassam
Mergulho uma vez mais as mãos no Oceano

Voici le paquebot et ma vie renouvelée
Ses flammes sont immenses
Il n'y a plus rien de commun entre moi
Et ceux qui craignent les brûlures

Eis o paquete e a minha vida renovada
Suas chamas são imensas
Nada mais há de comum entre mim
E os que temem as queimaduras

Descendant des hauteurs où pense la lumière
Jardins rouant plus haut que tous les ciels mobiles
L'avenir masqué flambé en traversant les cieux

Nous attendons ton bon plaisir ô mon amie

J'ose à peine regarder la divine mascarade

Quand bleuira sur l'horizon la Désirade

Au delà de notre atmosphère s'élève un théâtre
Que construisit le ver Zamir sans instrument
Puis le soleil revint ensoleiller les places
D'une ville marine apparue contremont
Sur les toits se reposaient les colombes lasses

Descendo das alturas onde pensa a luz
Jardins muito mais alto a rodar que os céus móveis
O futuro mascarado flambado atravessando os céus

Esperamos o teu bel prazer ó minha amiga

Mal ouso olhar para a divina mascarada

Quando vai azular no horizonte a Desejável

Além da nossa atmosfera ergue-se um teatro
Construído pelo verme Zamir sem instrumento
Depois o sol voltou a ensoalhar as praças
De cidade marinha surgida a contramonte
Nos tetos repousavam as pombas cansadas

Et le troupeau de sphinx regagne la sphingerie
A petits pas Il orra le chant du pâtre toute la vie
Là-haut le théâtre est bâti avec le feu solide
Comme les astres dont se nourrit le vide

Et voici le spectacle
Et pour toujours je suis assis dans un fauteuil
Ma tête mes genoux mes coudes vain pentacle
Les flammes ont poussé sur moi comme des feuilles

Des acteurs inhumains claires bêtes nouvelles
Donnent des ordres aux hommes apprivoisés
Terre
O Déchirée que les fleuves ont reprisée

J'aimerais mieux nuit et jour dans les sphingeries
Vouloir savoir pour qu'enfin on m'y dévorât

E o rebanho de esfinges volta à esfingeria
Em curtos passos ouvirá o canto do pastor por toda a
vida
Com fogo sólido no alto o teatro se construía
Como os astros de que o vácuo é nutrido

E eis aí o espetáculo
E para sempre estou sentado em um sofá
Minha cabeça joelhos cotovelos vão pentáculo
Sobre mim brotaram chamas como erva má

Atores inumanos claras novas feras
Dão ordens aos homens que domaram
Terra
Ó Rasgada que os rios represaram

Eu preferira noite e dia nas esfingerias
Querer saber para ali enfim ser devorado

RHÉNANES

NUIT RHÉNANE

Mon verre est plein d'un vin trembleur comme une flamme
Écoutez la chanson lente d'un batelier
Qui raconte avoir vu sous la lune sept femmes
Tordre leurs cheveux verts et longs jusqu'à leurs pieds

Debout chantez plus haut en dansant une ronde
Que je n'entende plus le chant du batelier
Et mettez près de moi toutes les filles blondes
Au regard immobile aux nattes repliées

RENANAS

NOITE RENANA

Enche-me a taça um vinho trêmulo qual chama
De um barqueiro escutai essa lenta canção
Que diz ter visto sob a lua sete damas
Os seus cabelos verdes torcer até o chão

De pé cantai mais alto uma ronda a dançar
Que eu pare de escutar o canto do barqueiro
Ponde as moças loirinhas junto a mim ligeiro
De tranças amarradas e de imóvel olhar

Le Rhin le Rhin est ivre où les vignes se mirent
Tout l'or des nuits tombe en tremblant s'y refléter
La voix chante toujours à en râle-mourir
Ces fées aux cheveux verts qui incantent l'été

Mon verre s'est brisé comme un éclat de rire

O Reno o Reno é ébrio aonde as vinhas vão ter
Todo o ouro das noites cai a mirar-se ao frio
A voz sempre a cantar e de esterto-morrer
As fadas cachos verdes que encantam o estio

Como uma gargalhada a taça se partiu

MAI

Le mai le joli mai en barque sur le Rhin
Des dames regardaient du haut de la montagne
Vous êtes si jolies mais la barque s'éloigne
Qui donc a fait pleurer les saules riverains

Or des vergers fleuris se figeaient en arrière
Les pétales tombés des cerisiers de mai
Sont les ongles de celle que j'ai tant aimée
Les pétales flétris sont comme ses paupières

Sur le chemin du bord du fleuve lentement
Un ours un singe un chien menés par des tziganes
Suivaient une roulotte traînée par un âne
Tandis que s'éloignait dans les vignes rhénanes
Sur un fifre lointain un air de régiment

MAIO

O maio o belo maio no Reno em barquinhos
Do alto da montanha espiavam senhoras
Vós sois tão belas mas a barca vai-se embora
Quem foi que fez chorar os choupos ribeirinhos

Ora as veigas em flor fixavam-se lá atrás
As pétalas no chão da cerejeira em flor
São as unhas daquela a quem dei meu amor
Murchas pétalas são qual seu olhar fugaz

No caminho da beira-rio lentamente
Um urso um símio um cão levados por ciganas
Seguiam a carroça atrelada a um jumento
Enquanto se afastava nas vinhas renanas
Num pífaro longínquo a ária de um regimento

Le mai le joli mai a paré les ruines
De lierre de vigne vierge et de rosiers
Le vent du Rhin secoue sur le bord les osiers
Et les roseaux jaseurs et les fleurs nues des vignes

O maio o belo maio enfeitou as ruínas
De hera de vinha virgem e roseiras
Do Reno vento agita os vimeiros nas beiras
E o junco falador e as flores nuas das vinhas

LA SYNAGOGUE

Ottomar Scholem et Abraham Loeweren
Coiffés de feutres verts le matin du sabbat
Vont à la synagogue en longeant le Rhin
Et les coteaux où les vignes rougissent là-bas

Ils se disputent et crient des choses qu'on ose à peine traduire
Bâtard conçu pendant les règles ou Que le diable entre dans ton père
Le vieux Rhin soulève sa face ruisselante et se détourne pour sourire
Ottomar Scholem et Abraham Loeweren sont en colère

Parce que pendant le sabbat on ne doit pas fumer
Tandis que les chrétiens passent avec des cigares allumés
Et parce qu'Ottomar et Abraham aiment tous deux
Lia aux yeux de brebis et dont le ventre avance un peu

A SINAGOGA

Ottomar Scholem e Abraham Loeweren
Usando feltros verdes cedo no sabá
Vão para a sinagoga ladeando o Reno
E os morros onde as vinhas enrubescem já

Discutem dizem coisas de não traduzir
Bastardo concebido nas regras ou Que o diabo tenha em teu pai penetrado
O velho Reno ergue a face a escorrer e se desvia pra sorrir
Ottomar Scholem e Abraham Loeweren estão irados

Pois durante o sabá é proibido fumar
Ao passo que os cristãos passam às baforadas
E porque Ottomar e Abraham coincidem em gostar
Ambos de Lia olhos de ovelha e barriga empinada

Pourtant tout à l'heure dans la synagogue l'un après
l'autre
Ils baiseront la thora en soulevant leur beau chapeau
Parmi les feuillards de la fête des cabanes
Ottomar en chantant sourira à Abraham

Ils déchanteront sans mesure et les voix graves des
hommes
Feront gémir un Léviathan au fond du Rhin comme
une voix d'automne
Et dans la synagogue pleine de chapeaux on agitera
les loulabim
Hanoten ne Kamoth bagoim tholahoth baleoumim

No entanto logo mais na sinagoga um e outro
Beijarão a torá erguendo os seus chapéus
Vão por entre as folhagens da festa das cabanas
Ottomar a cantar sorrirá a Abraham

Terão desencantado sem medida e as vozes graves dos
homens
Farão gemer um Leviatã no fundo do Reno como uma
voz de outono
E na sinagoga cheia de chapéus se agitarão os lulabim
Hanoten ne Kamoth bagoim tholahoth baleoumim

LES CLOCHES

Mon beau tzigane mon amant
Écoute les cloches qui sonnent
Nous nous aimions éperdument
Croyant n'être vus de personne

Mais nous étions bien mal cachés
Toutes les cloches à la ronde
Nous ont vu du haut des clochers
Et le disent à tout le monde

Demain Cyprien et Henri
Marie Ursule et Catherine
La boulangère et son mari
Et puis Gertrude ma cousine

OS SINOS

Meu belo cigano e amante
Escuta os sinos a soar
Nós temos um amor gigante
Crendo de todos o ocultar

Mas nosso abrigo era precário
Todos os sinos certamente
Nos viram do campanário
E o dizem a toda gente

Cipriano e Henrique não duvido
Maria Úrsula e Catarina
A padeira e o seu marido
E Gertrudes a minha prima

Souriront quand je passerai
Je ne saurai plus où me mettre
Tu seras loin Je pleurerai
J'en mourrai peut-être

Sorrirão quando eu passar
Não saberei onde ficar
Estarás longe Chorarei
Quem sabe até morrerei

LA LORELEY

A Jean Sève

A Bacharach il y avait une sorcière blonde
Qui laissait mourir d'amour tous les hommes à la ronde

Devant son tribunal l'évêque la fit citer
D'avance il l'absolvit à cause de sa beauté

O belle Loreley aux yeux pleins de pierreries
De quel magicien tiens-tu ta sorcellerie

Je suis lasse de vivre et mes yeux sont maudits
Ceux qui m'ont regardé évêque en ont péri

Mes yeux ce sont des flammes et non des pierreries
Jetez jetez aux flammes cette sorcellerie

A LORELEY

A Jean Sève

Havia uma feiticeira loira em Bacharah
Que matava de amor todo homem por lá

Pelo seu tribunal o bispo a fez passar
Mas antes a absolveu por ser bela sem par

Ó bela Loreley de olhos de pedrarias
Que mágico te deu essas feitiçarias

Estou farta da vida e tenho olhar maldito
Quem me olhou bispo teve um final esquisito

Os meus olhos são chamas não são pedraria
Lançai lançai ao fogo esta feitiçaria

Je flambe dans ces flammes ô belle Loreley
Qu'un autre te condamne tu m'as ensorcelé

Évêque vous riez Priez plutôt pour moi la Vierge
Faites-moi donc mourir et que Dieu vous protège

Mon amant est parti pour un pays lointain
Faites-moi donc mourir puisque je n'aime rien

Mon cœur me fait si mal il faut bien que je meure
Si je me regardais il faudrait que j'en meure

Mon cœur me fait si mal depuis qu'il n'est plus là
Mon cœur me fit si mal du jour où il s'en alla

L'évêque fit venir trois chevaliers avec leurs lances
Menez jusqu'au couvent cette femme en démence

Va-t'en Lore en folie va Lore aux yeux tremblants
Tu seras une nonne vêtue de noir et blanc

Puis ils s'en allèrent sur la route tous les quatre
La Loreley les implorait et ses yeux brillaient comme des astres

Flamejo nestas chamas bela Loreley
Que outro te condene eu já me enfeiticei

Ó Bispo ris Pedi à Virgem sua ajuda
Fazei-me pois morrer e que Deus vos acuda

Meu amante se foi para um país distante
Fazei-me então morrer nada amo doravante

Meu coração me dói eu tenho de morrer
Se eu olhasse pra mim ia disso morrer

Meu coração me dói desde que ele está fora
Meu coração doeu do dia em que foi embora

O bispo mandou vir três lanceiros urgente
Ao convento levai esta mulher demente

Vai-te Lore em loucura de olhos sem sossego
Serás freira vestida de branco e de negro

Depois foram os quatro a estrada a trilhar
Loreley lhes rogava olhos de astro a brilhar

Chevaliers laissez-moi monter sur ce rocher si haut
Pour voir une fois encore mon beau château

Pour me mirer une fois encore dans le fleuve
Puis j'irai au couvent des vierges et des veuves

Là-haut le vent tordait ses cheveux déroulés
Les chevaliers criaient Loreley Loreley

Tout là-bas sur le Rhin s'en vient une nacelle
Et mon amant s'y tient il m'a vue il m'appelle

Mon cœur devient si doux c'est mon amant qui vient
Elle se penche alors et tombe dans le Rhin

Pour avoir vu dans l'eau la belle Loreley
Ses yeux couleur du Rhin ses cheveux de soleil

Cavaleiros deixai-me ir a esse alto rochedo
Pra ver ainda uma vez o meu lindo castelo

Para ainda uma vez no rio me refletir
E ao claustro das viúvas e virgens posso ir

Lá no alto a cabeleira os ventos lhe agitavam
Loreley Loreley os soldados gritavam

Lá longe sobre o Reno um barquinho a vogar
Meu amor nele está viu-me e põe-se a chamar

Fica o meu coração tão doce vem o amante
Debruça-se e no Reno ela cai nesse instante

Por ter visto na água a bela Loreley
De olhos da cor do Reno e cachos de astro-rei

SCHINDERHANNES

A Marius-Ary Leblond

Dans la forêt avec sa bande
Schinderhannes s'est désarmé
Le brigand près de sa brigande
Hennit d'amour au joli mai

Benzel accroupi lit la Bible
Sans voir que son chapeau pointu
A plume d'aigle sert de cible
A Jacob Born le mal foutu

Juliette Blaesius qui rote
Fait semblant d'avoir le hoquet
Hannes pousse une fausse note
Quand Schulz vient portant un baquet

SCHINDERHANNES

A Marius-Ary Leblond

Na floresta com sua gente
Schinderhannes se desarmou
O delinquente e a delinquente
De amor no belo maio urrou

Benzel lê a Bíblia agachado
Sem ver que o seu chapéu pomposo
De pena de águia é alvo mirado
Por Jacob Born o feioso

Juliette Blaesius que arrota
Finge soluçar mas debalde
Hannes lança uma falsa nota
Quando Schultz vem trazendo um balde

Et s'écrie en versant des larmes
Baquet plein de vin parfumé
Viennent aujourd'hui les gendarmes
Nous aurons bu le vin de mai

Allons Julia la mam'zelle
Bois avec nous ce clair bouillon
D'herbes et de vin de Moselle
Prosit Bandit en cotillon

Cette brigande est bientôt soûle
Et veut Hannes qui n'en veut pas
Pas d'amour maintenant ma poule
Sers-nous un bon petit repas

Il faut ce soir que j'assassine
Ce riche juif au bord du Rhin
Au clair de torches de résine
La fleur de mai c'est le florin

E exclama prantos derramando
Balde de vinho perfumado
Os guardas hoje estão chegando
Teremos já o vinho tomado

Vamos Júlia a mademoiselle
Bebe conosco esta sopinha
De ervas e vinho de Moselle
Prosit Bandido a usar sainha

Logo ébria estará a delinquente
E quer Hannes que não a quer
Sem amor gata no presente
Serve-nos logo o que fizer

Junto ao Reno rico judeu
Hoje é mister que eu mate sim
À luz das tochas de breu
A flor de maio é o florim

On mange alors toute la bande
Pète et rit pendant le dîner
Puis s'attendrit à l'allemande
Avant d'aller assassiner

A turma toda come então
Peida e ri durante o jantar
Comove-se feito alemão
Antes de ir assassinar

RHÉNANE D'AUTOMNE

A Toussaint Luca

Les enfants des morts vont jouer
Dans le cimetière
Martin Gertrude Hans et Henri
Nul coq n'a chanté aujourd'hui
Kikiriki

Les vieilles femmes
Tout en pleurant cheminent
Et les bons ânes
Braillent hi han et se mettent à brouter les fleurs
Des couronnes mortuaires

C'est le jour des morts et de toutes leurs âmes

RENANA DE OUTONO

A Toussaint Luca

Os filhos dos mortos vão brincar
No cemitério
Martin Gertrude Hans e Henri
Galo nenhum cantou hoje aqui
Quiquiriqui

As velhas mulheres
Vão chorando a caminhar
E os bons muares
Zurram hi han e põem-se a comer as flores
Das coroas mortuárias

É o dia dos finados e de todas as suas almas

Les enfants et les vieilles femmes
Allument des bougies et des cierges
Sur chaque tombe catholique
Les voiles des vieilles
Les nuages du ciel
Sont comme des barbes de biques

L'air tremble de flammes et de prières

Le cimetière est un beau jardin
Plein des saules gris et de romarins
Il vous vient souvent des amis qu'on enterre
Ah ! que vous êtes bien dans le beau cimetière
Vous mendiants morts saouls de bière
Vous les aveugles comme le destin
Et vous petits enfants morts en prière

Ah ! que vous êtes bien dans le beau cimetière
Vous bourgmestres vous bateliers
Et vous conseillers de régence

As crianças e as velhas vão
Acender velas e candeias
Em cada túmulo cristão
Os véus das velhinhas
As nuvens do céu
São quais barbas de cabritinhas

O ar treme de chamas e de rezas

O cemitério é um belo jardim
Com choupos cinza e alecrim
Sempre acontece um amigo a enterrar
Ah! Como vos faz bem no cemitério estar
Vós pedintes mortos ébrios de cerveja
Vós que sois cegos tal como o destino
E vós crianças mortas a rezar

Ah! Como vos faz bem no cemitério estar
Vós burgomestres e barqueiros
E vós conselheiros de regência

Vous aussi tziganes sans papiers
La vie vous pourrit dans la panse
La croix nous pousse entre les pieds

Le vent du Rhin ulule avec tous les hiboux
Il éteint les cierges que toujours les enfants rallument
Et les feuilles mortes
Viennent couvrir les morts

Des enfants morts parlent parfois avec leur mère
Et des mortes parfois voudraient bien revenir

Oh ! je ne veux pas que tu sortes
L'automne est plein de mains coupées
Non non ce sont des feuilles mortes
Ce sont les mains des chères mortes
Ce sont tes mains coupées

Também vós ciganas sem papéis
Apodrece-vos a vida na barriga
A cruz nos empurra entre os pés

O vento do Reno ulula com os mochos todos
Apaga os círios que as crianças reacendem
E as folhas mortas
Vêm a cobrir os mortos

Crianças mortas às vezes falam com a mãe
E às vezes mortas gostariam de voltar

Oh! Eu não quero que tu saias
É cheio o outono de mãos cortadas
Não não são mesmo folhas mortas
São as mãos das queridas mortas
São tuas mãos cortadas

Nous avons tant pleuré aujourd'hui
Avec ces morts leurs enfants et les vieilles femmes
Sous le ciel sans soleil
Au cimetière plein de flammes

Puis dans le vent nous nous en retournâmes

A nos pieds roulaient des châtaignes
Dont les bogues étaient
Comme le cœur blessé de la madone
Dont on doute si elle eut la peau
Couleur des châtaignes d'automne

Nós choramos tanto hoje
Com os mortos seus filhos e as velhas damas
Sob esse céu sem sol
No cemitério cheio de chamas

Depois no vento retornamos

Aos nossos pés rolavam castanhas
Cujos ouriços eram
Tal como o coração ferido da madona
De quem não sabemos se a pele
Tinha a cor das castanhas de outono

LES SAPINS

Les sapins en bonnets pointus
De longues robes revêtus
  Comme des astrologues
Saluent leurs frères abattus
Les bateaux qui sur le Rhin voguent

Dans les sept arts endoctrinés
Par les vieux sapins leurs aînés
  Qui sont de grands poètes
Ils se savent prédestinés
A briller plus que des planètes

OS PINHEIROS

Pinheiros com altos bonés
Longas togas até os pés
    Como se fossem astrólogos
Saúdam irmãos abatidos
Os barcos no Reno estendidos

Nas sete artes ensinadas
Por velhos pinhos seus antepassados
    Que são grandes poetas
Sabem que são predestinados
A brilhar mais do que planetas

A briller doucement changés
En étoiles et enneigés
  Aux Noëls bienheureuses
Fêtes des sapins ensongés
Aux longues branches langoureuses

Les sapins beaux musiciens
Chantent des noëls anciens
  Au vent des soirs d'automne
Ou bien graves magiciens
Incantent le ciel quand il tonne

Des rangées de blancs chérubins
Remplacent l'hiver les sapins
  Et balancent leurs ailes
L'été ce sont de grands rabbins
Ou bien de vieilles demoiselles

Sapins médecins divagants
Ils vont offrant leurs bons onguents
  Quand la montagne accouche
De temps en temps sous l'ouragan
Un vieux sapin geint et se couche

A brilhar suavemente mudados
Em estrelas e em nevados
    Nos Natais tão ditosos
Festa dos pinheiros sonhados
Com longos galhos langorosos

Os pinheiros músicos geniais
Cantam natais de outras eras
    Ao vento em noites outonais
Em que mágicos de caras severas
Encantam o céu nos temporais

Hostes de brancos querubins
Rendem no inverno os pinheirais
    E suas asas balançam
No verão são grandes rabinos
Ou solteiras velhas demais

Pinheiros médicos a errar
Vão seus unguentos a ofertar
    Quando a montanha pare
De quando em vez sob o tufão
Um velho pinho vai ao chão

LES FEMMES

Dans la maison du vigneron les femmes cousent
Lenchen remplis le poêle et mets l'eau du café
Dessus — Le chat s'étire après s'être chauffé
— Gertrude et son voisin Martin enfin s'épousent

Le rossignol aveugle essaya de chanter
Mais l'effraie ululant il trembla dans sa cage
Ce cyprès là-bas a l'air du pape en voyage
Sous la neige — Le facteur vient de s'arrêter

Pour causer avec le nouveau maître d'école
— Cet hiver est très froid le vin sera très bon
— Le sacristain sourd et boiteux est moribond
— La fille du vieux bourgmestre brode une étole

AS MULHERES

Na casa do viticultor mulheres cosem
Lenchen enche a panela e põe água a ferver
Em cima — O gato estica-se após se aquecer
— Gertrudes e o vizinho finalmente casam

O rouxinol ceguinho tentou um trinado
Mas ouvindo a coruja a gaiola estremece
O cipreste lá longe ao papa se parece
Viajando na neve — O carteiro é chegado

Para falar com o novo professor da escola
— Este inverno está frio o vinho será bom
— Está morrendo o surdo e manco sacristão
— A filha do prefeito borda a sua estola

Pour la fête du curé La forêt là-bas
Grâce au vent chantait à voix grave de grand orgue
Le songe Herr Traum survint avec sa sœur Frau Sorge
Kæthi tu n'as pas bien raccommodé ces bas

— Apporte le café le beurre et les tartines
La marmelade le saindoux un pot de lait
— Encore un peu de café Lenchen s'il te plaît
— On dirait que le vent dit des phrases latines

— Encore un peu de café Lenchen s'il te plaît
— Lotte es-tu triste O petit cœur — Je crois qu'elle aime
— Dieu garde — Pour ma part je n'aime que moi-même
— Chut A présent grand'mère dit son chapelet

— Il me faut du sucre candi Leni je tousse
— Pierre mène son furet chasser les lapins
Le vent faisait danser en rond tous les sapins
Lotte l'amour rend triste — Ilse la vie est douce

Para a festa do padre A floresta lá longe
Em voz grave de órgão cantava o tufão
O sonho Herr Traum chegou com a irmã Frau Sorge
Kethi tu não coseste bem as meias não

— Traz o café manteiga e fatias de pão
A marmelada a banha e um jarro de leite
— Mais café por favor Lenchen sim aproveite
— Parece até que o vento em latim faz sermão

— Pouco mais de café Lenchen por gentileza
— Lotte estás triste coração- Ela ama sim
— Deus guarde — Eu só me amo quanto a mim
— Psiu Agora a vovozinha o terço reza

— Traz açúcar mascavo Leni estou com tosse
— Pierre leva o furão pra caçar coelhinhos
O vento faz dançar em roda os altos pinhos
Lotte o amor entristece — Ilse a vida é tão doce

La nuit tombait Les vignobles aux ceps tordus
Devenaient dans l'obscurité des ossuaires
En neige et repliés gisaient là des suaires
Et des chiens aboyaient aux passants morfondus

Il est mort écoutez La cloche de l'église
Sonnait tout doucement la mort du sacristain
Lise il faut attiser le poêle qui s'éteint
Les femmes se signaient dans la nuit indécise

Septembre 1901-Mai 1902.

Caía a noite Os parreirais de cepas tortas
Em meio à escuridão pareciam ossuários
Em neve e bem dobrados jaziam sudários
E ladravam os cães a pessoas de frio mortas

Está morto escutai O carrilhão da igreja
Para o sacristão morto toca devagar
Lise o fogo se apaga vai logo atiçar
Mulheres se benzem na noite sem certeza

Setembro de 1901 — Maio de 1902

SIGNE

Je suis soumis au Chef du Signe de l'Automne
Partant j'aime les fruits je déteste les fleurs
Je regrette chacun des baisers que je donne
Tel un noyer gaulé dit au vent ses douleurs

Mon Automne éternelle ô ma saison mentale
Les mains des amantes d'antan jonchent ton sol
Une épouse me suit c'est mon ombre fatale
Les colombes ce soir prennent leur dernier vol

SIGNO

Estou submisso ao Chefe do Signo do Outono
Portanto eu amo os frutos e detesto as flores
Lamento cada um dos beijos que dou como
A nogueira batida ao vento diz suas dores

Meu Outono eternal minha estação mental
Juncam teu solo as mãos das amantes de outrora
Uma esposa me segue é-me sombra fatal
As pombas esta tarde a voar vão-se embora

UN SOIR

Un aigle descendit de ce ciel blanc d'archanges
Et vous soutenez-moi
Laisserez-vous trembler longtemps toutes ces lampes
Priez priez pour moi

La ville est métallique et c'est la seule étoile
Noyée dans tes yeux bleus
Quand les tramways roulaient jaillissaient des feux pâles
Sur des oiseaux galeux

UMA TARDE

Uma águia desceu do céu de arcanjos claro
E sustentai-me a mim
Deixareis muito tempo tremer os candelabros
Rezai rezai por mim

Metálica é a cidade e estrela em solidão
De teu olhar perdida
Os bondes ao passar lançam fraco clarão
Em cada ave atingida

Et tout ce qui tremblait dans tes yeux de mes songes
Qu'un seul homme buvait
Sous les feux de gaz roux comme la fausse oronge
O vêtue ton bras se lovait

Vois l'histrion tire la langue aux attentives
Un fantôme s'est suicidé
L'apôtre au figuier pend et lentement salive
Jouons donc cet amour aux dés

Des cloches aux sons clairs annonçaient ta naissance
Vois
Les chemins sont fleuris et les palmes s'avancent
Vers toi

E tudo que tremia em teus olhos meus sonhos
Que um só homem bebia
Ao fogo do gás ruço tortulho medonho
Ó vestida o braço te envolvia

Vê o jogral às atentas a língua mostrar
Fantasma ter-se suicidado
Da figueira o apóstolo pende e a salivar
Joguemos este amor no dado

Sinos de claro som anunciavam tua vinda
Aqui
A juncar os caminhos flor e palmas ainda
Pra ti

LA DAME

Toc toc Il a fermé sa porte
Les lys du jardin sont flétris
Quel est donc ce mort qu'on emporte

Tu viens de toquer à sa porte
Et trotte trotte
Trotte la petite souris

A DAMA

Toc toc Ele a porta fechou
Lírios murcharam no jardim
Quem é então esse morto que chegou

Acabas de tocar à porta
E trota trota
Trota o camundongozinho

LES FIANÇAILLES

A Picasso

Le printemps laisse errer les fiancés parjures
Et laisse feuilloler longtemps les plumes bleues
Que secoue le cyprès où niche l'oiseau bleu

Une Madone à l'aube a pris les églantines
Elle viendra demain cueillir les giroflées
Pour mettre aux nids des colombes qu'elle destine
Au pigeon qui ce soir semblait le Paraclet

Au petit bois de citronniers s'enamourèrent
D'amour que nous aimons les dernières venues
Les villages lointains sont comme leurs paupières
Et parmi les citrons leurs cœurs sont suspendus

O NOIVADO

A Picasso

A primavera deixa errar noivos perjuros
E deixa folhear muito as plumas azuis
Que o cipreste sacode onde mora a ave azul

Uma Madona à alba colheu as rosinhas
Voltará amanhã do goivo a flor colher
Pra colocar no ninho das pombas que destina
Ao pombo que esta noite o Parácleto vai ser

No bosquezinho de limões se enamoraram
De amor ó quanto amamos os últimos eventos
Longes aldeias como as pálpebras ficaram
E por entre os limões seus corações suspensos

Mes amis m'ont enfin avoué leur mépris
Je buvais à pleins verres les étoiles
Un ange a exterminé pendant que je dormais
Les agneaux les pasteurs des tristes bergeries
De faux centurions emportaient le vinaigre
Et les gueux mal blessés par l'épurge dansaient
Étoiles de l'éveil je n'en connais aucune
Les becs de gaz pissaient leur flamme au clair de lune
Des croque-morts avec des bocks tintaient des glas
A la clarté des bougies tombaient vaille que vaille
Des faux-cols sur des flots de jupes mal brossées
Des accouchées masquées fêtaient leurs relevailles
La ville cette nuit semblait un archipel
Des femmes demandaient l'amour et la dulie
Et sombre sombre fleuve je me rappelle
Les ombres qui passaient n'étaient jamais jolies

Confessaram-me enfim meus amigos seu asco
Bebia a copos cheios as estrelas
Um anjo exterminou quando eu dormia
Cordeiros e pastores dos tristes redis
Falsos centuriões levavam o vinagre
E os pobres mal feridos da purga dançavam
Estrelas do arrebol nunca eu vira nenhuma
Bicos de gás mijavam sua chama ao luar
Papa-defuntos com canecas soavam dobre
À luz das velas despencavam misturados
Colarinhos postiços, saias mal passadas,
Paridas mascaradas celebram a volta
A urbe à noite parecia um arquipélago
Mulheres a pedir o amor e a dulia
E no rio sombrio eu bem que me lembro
As sombras que passavam nunca eram belas

Je n'ai plus même pitié de moi
Et ne puis exprimer mon tourment de silence
Tous les mots que j'avais à dire se sont changés en étoiles
Un Icare tente de s'élever jusqu'à chacun de mes yeux
Et porteur de soleils je brûle au centre de deux nébuleuses
Qu'ai-je fait aux bêtes théologales de l'intelligence
Jadis les morts sont revenus pour m'adorer
Et j'espérais la fin du monde
Mais la mienne arrive en sifflant comme un ouragan

Nem mais eu tenho dó de mim
E não posso exprimir minha dor de silêncio
As palavras todas que para dizer eu tinha mudaram-se
em estrelas
Um Ícaro tenta elevar-se até cada um de meus olhos
E portador de sóis queimo no centro de duas nebulosas
O que fiz eu às bestas teologais da inteligência
Outrora os mortos vieram me adorar
E eu esperava o fim do mundo
Mas o meu chega uivando qual tufão

J'ai eu le courage de regarder en arrière
Les cadavres de mes jours
Marquent ma route et je les pleure
Les uns pourrissent dans les églises italiennes
Ou bien dans de petits bois de citronniers
Qui fleurissent et fructifient
En même temps et en toute saison
D'autres jours ont pleuré avant de mourir dans des tavernes
Où d'ardents bouquets rouaient
Aux yeux d'une mulâtresse qui inventait la poésie
Et les roses de l'électricité s'ouvrent encore
Dans le jardin de ma mémoire

Tive a coragem de olhar para trás
Os cadáveres dos meus dias
Marcam a minha estrada e eu os choro
Uns apodrecem em igrejas italianas
Ou em pequenos bosques de limoeiros
Que florescem e frutificam
Ao mesmo tempo e em qualquer estação
Outros dias choraram antes de morrer em tavernas
Onde buquês ardentes rolavam
Aos olhos de uma mulata que inventava a poesia
E as rosas da eletricidade ainda se abrem
No jardim da minha memória

Pardonnez-moi mon ignorance
Pardonnez-moi de ne plus connaître l'ancien jeu des vers
Je ne sais plus rien et j'aime uniquement
Les fleurs à mes yeux redeviennent des flammes
Je médite divinement
Et je souris des êtres que je n'ai pas créés
Mais si le temps venait où l'ombre enfin solide
Se multipliait en réalisant la diversité formelle de mon amour
J'admirerais mon ouvrage

Perdoai-me a minha ignorância
Perdoai-me por não mais conhecer o antigo jogo dos versos
Eu já não sei mais nada e amo unicamente
As flores aos meus olhos voltam a ser chamas
Eu medito divinamente
E sorrio dos seres que jamais criei
Mas se o tempo viesse em que a sombra enfim sólida
Se multiplicasse realizando a diversidade formal do meu amor
Eu admiraria a minha obra

J'observe le repos du dimanche
Et je loue la paresse
Comment comment réduire
L'infiniment petite science
Que m'imposent mes sens
L'un est pareil aux montagnes au ciel
Aux villes à mon amour
Il ressemble aux saisons
Il vit décapité sa tête est le soleil
Et la lune son cou tranché
Je voudrais éprouver une ardeur infinie
Monstre de mon ouïe tu rugis et tu pleures
Le tonnerre te sert de chevelure
Et tes griffes répètent le chant des oiseaux
Le toucher monstrueux m'a pénétré m'empoisonne
Mes yeux nagent loin de moi
Et les astres intacts sont mes maîtres sans épreuve
La bête des fumées a la tête fleurie
Et le monstre le plus beau
Ayant la saveur du laurier se désole

Observo o repouso do domingo
E louvo a preguiça
Como como reduzir
A infinitamente pequena ciência
Que me impõem meus sentidos
Um é igual às montanhas no céu
Às cidades ao meu amor
É semelhante às estações
Vive decapitado sua cabeça é o sol
E a lua o seu colo cortado
Eu quisera provar um ardor infinito
Monstro do meu ouvido tu ruges e choras
O trovão serve-te de cabeleira
E tuas garras repetem o canto das aves
O tato monstruoso penetrou-me envenena-me
Meus olhos nadam longe de mim
E os astros intatos são meus mestres sem prova
A besta das fumaças de cabeça florida
E o monstro mais belo
Com sabor do loureiro se desola

A la fin les mensonges ne me font plus peur
C'est la lune qui cuit comme un œuf sur le plat
Ce collier de gouttes d'eau va parer la noyée
Voici mon bouquet de fleurs de la Passion
Qui offrent tendrement deux couronnes d'épines
Les rues sont mouillées de la pluie de naguère
Des anges diligents travaillent pour moi à la maison
La lune et la tristesse disparaîtront pendant
Toute la sainte journée
Toute la sainte journée j'ai marché en chantant
Une dame penchée à sa fenêtre m'a regardé longtemps
M'éloigner en chantant

No final as mentiras não mais me amedrontam
É a lua que coze como ovo no prato
Esse colar de gotas vai ornar a afogada
Eis aqui meu buquê de flores-da-paixão
Que ofertam ternamente duas coroas de espinhos
As ruas estão molhadas da chuva de há pouco
Uns anjos diligentes trabalham lá em casa
A lua e a tristeza vão sumir durante
Todo o santo dia
Todo o santo dia eu caminhei cantando
Uma senhora debruçada na janela olhou-me longamente
Afastar-me cantando

Au tournant d'une rue je vis des matelots
Qui dansaient le cou nu au son d'un accordéon
J'ai tout donné au soleil
Tout sauf mon ombre

Les dragues les ballots les sirènes mi-mortes
A l'horizon brumeux s'enfonçaient les trois-mâts
Les vents ont expiré couronnés d'anémones
O Vierge signe pur du troisième mois

Ao virar uma esquina eu vi uns marinheiros
A dançar peito aberto ao som de um acordeão
Dei tudo para o sol
Tudo menos minha sombra

As dragas os pacotes as sereias meio mortas
No horizonte brumoso afundavam os três-mastros
Os ventos expiraram coroados de anêmonas
Ó Virgem sinal puro do terceiro mês

Templiers flamboyants je brûle parmi vous
Prophétisons ensemble ô grand maître je suis
Le désirable feu qui pour vous se dévoue
Et la girande tourne ô belle ô belle nuit

Liens déliés par une libre flamme Ardeur
Que mon souffle éteindra O Morts à quarantaine
Je mire de ma mort la gloire et le malheur
Comme si je visais l'oiseau de la quintaine

Incertitude oiseau feint peint quand vous tombiez
Le soleil et l'amour dansaient dans le village
Et tes enfants galants bien ou mal habillés
Ont bâti ce bûcher le nid de mon courage

Templários flamejantes em meio a vós eu ardo
Profetizemos juntos ó Grão mestre sou eu
O desejável fogo que é a vós dedicado
E a girândola roda ó bela noite ó breu

Laços soltos por livre labareda Ardor
Que apagará meu sopro Ó Mortos em quarentena
Olho da minha morte a glória e o dissabor
Assim como mirasse a ave da quintana

Incerteza ave ficta pintada caindo
O sol e o amor dançavam na cidadezinha
E teus filhos galantes ou andrajos vestindo
Levantaram a pira ninho da fé minha

CLAIR DE LUNE

Lune mellifluente aux lèvres des déments
Les vergers et les bourgs cette nuit sont gourmands
Les astres assez bien figurent les abeilles
De ce miel lumineux qui dégoutte des treilles
Car voici que tout doux et leur tombant du ciel
Chaque rayon de lune est un rayon de miel
Or caché je conçois la très douce aventure
J'ai peur du dard de feu de cette abeille Arcture
Qui posa dans mes mains des rayons décevants
Et prit son miel lunaire à la rose des vents

LUAR

Lua melifluente aos lábios dos dementes
Os pomares e os burgos têm fome ingente
Os astros muito bem figuram as abelhas
Desse mel luminoso a pingar das parreiras
Pois eis que lentamente caindo do céu
Cada raio de lua é um raio de mel
Ora oculto concebo a tão doce aventura
Temo o dardo de fogo dessa abelha Arctura
Que pôs em minhas mãos raios sem cabimento
E colheu mel lunar lá na rosa dos ventos

1909

La dame avait une robe
En ottoman violine
Et sa tunique brodée d'or
Était composée de deux panneaux
S'attachant sur l'épaule

Les yeux dansants comme des anges
Elle riait elle riait
Elle avait un visage aux couleurs de France
Les yeux bleus les dents blanches et les lèvres très rouges
Elle avait un visage aux couleurs de France

1909

Tinha a dama um vestido
Em veludo violáceo
E a túnica em ouro bordada
Compunha-se de dois panos
Que se amarravam no ombro

De olhos dançantes como anjos
Ela sorria ela sorria
Tinha um semblante das cores de França
Olho azul dentes brancos e lábios bem rubros
Tinha um semblante das cores de França

Elle était décolletée en rond
Et coiffée à la Récamier
Avec de beaux bras nus

N'entendra-t-on jamais sonner minuit

La dame en robe d'ottoman violine
Et en tunique brodée d'or
Décolletée en rond
Promenait ses boucles
Son bandeau d'or
Et traînait ses petits souliers à boucles

Elle était si belle
Que tu n'aurais pas osé l'aimer

J'aimais les femmes atroces dans les quartiers énormes
Où naissaient chaque jour quelques êtres nouveaux
Le fer était leur sang la flamme leur cerveau

J'aimais j'aimais le peuple habile des machines
Le luxe et la beauté ne sont que son écume
Cette femme était si belle
Qu'elle me faisait peur

Ela usava um decote redondo
E um penteado à Récamier
Com lindos braços nus

Nunca se vai ouvir meia-noite bater

A dama em veludo violáceo
De túnica bordada em ouro
Usando um decote redondo
Passeava as suas madeixas
O bandô de ouro
E arrastava os sapatos de fivelas

Ela estava tão bela
Que não ousarias amá-la

Eu amava as mulheres atrozes nos bairros enormes
Onde a cada dia nascem alguns seres novos
O ferro era seu sangue a chama era seu cérebro

Amava amava o povo das máquinas hábil
O luxo e a beleza são só a sua espuma
Essa mulher era tão bela
Que até me dava medo

A LA SANTÉ

I

Avant d'entrer dans ma cellule
Il a fallu me mettre nu
Et quelle voix sinistre ulule
Guillaume qu'es-tu devenu

Le Lazare entrant dans la tombe
Au lieu d'en sortir comme il fit
Adieu adieu chantante ronde
O mes années ô jeunes filles

À SAÚDE

I

Antes de entrar em minha cela
Era preciso e eu me despi
E que voz sinistra era aquela
Guillaume que é feito de ti

O Lázaro na tumba entrando
Em vez de sair qual convinha
Adeus adeus ronda cantando
Ó anos meus ó jovenzinhas

11

Non je ne me sens plus là
Moi-même
Je suis le quinze de la
Onzième

Le soleil filtre à travers
Les vitres
Ses rayons font sur mes vers
Les pitres

Et dansent sur le papier
J'écoute
Quelqu'un qui frappe du pied
La voûte

II

Não não me sinto mais lá
    Eu mesmo
Eu sou o quinze da
    Undécima

O sol filtrando perpassa
    A vidraça
Raios nos meus versos são
    Bufão

E dançam sobre o papel
    Pancada
Alguém ali bate o pé
    Na arcada

III

Dans une fosse comme un ours
Chaque matin je me promène
Tournons tournons tournons toujours
Le ciel est bleu comme une chaîne
Dans une fosse comme un ours
Chaque matin je me promène

Dans la cellule d'à côté
On y fait couler la fontaine
Avec les clefs qu'il fait tinter
Que le geôlier aille et revienne
Dans la cellule d'à côté
On y fait couler la fontaine

III

Numa fossa como um urso
Cada manhã se passeia
Giremos giremos no curso
O céu é azul como cadeia
Numa fossa como um urso
Cada manhã se passeia

Na cela que fica ao lado
Corre a fonte o dia inteiro
Co'o molho dependurado
Vá e volte o carcereiro
Na cela que fica ao lado
Corre a fonte o dia inteiro

IV

Que je m'ennuie entre ces murs tout nus
Et peints de couleurs pâles
Une mouche sur le papier à pas menus
Parcourt mes lignes inégales

Que deviendrai-je ô Dieu qui connais ma douleur
Toi qui me l'as donnée
Prends en pitié mes yeux sans larmes ma pâleur
Le bruit de ma chaise enchaînée

Et tous ces pauvres cœurs battant dans la prison
L'Amour qui m'accompagne
Prends en pitié surtout ma débile raison
Et ce désespoir qui la gagne

IV

Como me enfado entre os muros desnudos
De cores pálidas pintados
No papel uma mosca em passos miúdos
Corre em meus traços rabiscados

De mim o que será Deus que sabes a dor
Tu que a mim a tens dado
Tem pena dos meus olhos sem lágrima o palor
O ruído do meu banco atado

E os tristes corações batendo na prisão
O Amor que me acompanha
Sobretudo tem dó desta débil razão
E da aflição que a ganha

V

Que lentement passent les heures
Comme passe un enterrement

Tu pleureras l'heure où tu pleures
Qui passera trop vitement
Comme passent toutes les heures

V

Como passam lentas as horas
Assim como enterro a passar

Tu chorarás a hora em que choras
Que passará tão rapidamente
Como passam todas as horas

VI

J'écoute les bruits de la ville
Et prisonnier sans horizon
Je ne vois rien qu'un ciel hostile
Et les murs nus de ma prison

Le jour s'en va voici que brûle
Une lampe dans la prison
Nous sommes seuls dans ma cellule
Belle clarté Chère raison

Septembre 1911

VI

Eu escuto ruídos mil
Da urbe preso sem visão
Só posso ver um céu hostil
E os muros limpos da prisão

Vai-se o dia e eis que vela
Um candeeiro na prisão
Estamos sós na minha cela
Belo clarão Cara razão

Setembro de 1911

AUTOMNE MALADE

Automne malade et adoré
Tu mourras quand l'ouragan soufflera dans les roseraies
Quand il aura neigé
Dans les vergers

Pauvre automne
Meurs en blancheur et en richesse
De neige et de fruits mûrs
Au fond du ciel
Des éperviers planent
Sur les nixes nicettes aux cheveux verts et naines
Qui n'ont jamais aimé

Aux lisières lointaines
Les cerfs ont bramé

OUTONO DOENTE

Outono doente e adorado
Tu morrerás quando o tufão soprar nos roseirais
Quando tiver nevado
Nos vergeis

Pobre outono
Costumes em branco e em riqueza
De neve e frutas maduras
No fundo do céu
Planam gaviões
Sobre as gentis iaras de cachos verdes e anãs
Que nunca amaram

Nas orlas longínquas
Bramaram os cervos

Et que j'aime ô saison que j'aime tes rumeurs
Les fruits tombant sans qu'on les cueille
Le vent et la forêt qui pleurent
Toutes leurs larmes en automne feuille à feuille
Les feuilles
Qu'on foule
Un train
Qui roule
La vie
S'écoule

E como amo ó estação teu doce farfalhar
Frutas caindo sem que as colha
O vento e a mata a chorar
Todas as lágrimas do outono folha a folha
As folhas
Pisadas
Um trem
Que vai
A vida
Se esvai

HOTELS

La chambre est veuve
Chacun pour soi
Présence neuve
On paye au mois

Le patron doute
Payera-t-on
Je tourne en route
Comme un toton

Le bruit des fiacres
Mon voisin laid
Qui fume un âcre
Tabac anglais

HOTÉIS

Livre é a alcova
Cada um sua vez
Presença nova
Se paga ao mês

Duvida o dono
Se pagarão
À rua retorno
Como um tiozão

No burburinho
Feio de tez
Traga um vizinho
Cigarro inglês

O La Vallière
Qui boite et rit
De mes prières
Table de nuit

Et tous ensemble
Dans cet hôtel
Savons la langue
Comme à Babel

Fermons nos portes
A double tour
Chacun apporte
Son seul amour

Ó La Valière
Zombas de tudo
Das minhas preces
Criado-mudo

E todos juntos
Aqui no hotel
Sabemos línguas
Como em Babel

Vamos fechar
Com cadeado
E desfrutar
Do amor privado

CORS DE CHASSE

Notre histoire est noble et tragique
Comme le masque d'un tyran
Nul drame hasardeux ou magique
Aucun détail indifférent
Ne rend notre amour pathétique

Et Thomas de Quincey buvant
L'opium poison doux et chaste
A sa pauvre Anne allait rêvant
Passons passons puisque tout passe
Je me retournerai souvent

Les souvenirs sont cors de chasse
Dont meurt le bruit parmi le vent

TROMPA DE CAÇA

A nossa história é nobre e trágica
Como o disfarce de um tirano
Farsa nenhuma audaz ou mágica
Nenhum detalhe ou ledo engano
Faz ser o nosso amor patético

E Thomas de Quincey tomando
O ópio veneno doce e casto
Na pobre Ana ia pensando
Passemos já que tudo passa
Eu voltarei de quando em quando

Lembranças são trompas de caça
Seu ruído ao vento vai findando

VENDÉMIAIRE

Hommes de l'avenir souvenez-vous de moi
Je vivais à l'époque où finissaient les rois
Tour à tour ils mouraient silencieux et tristes
Et trois fois courageux devenaient trismégistes

Que Paris était beau à la fin de septembre
Chaque nuit devenait une vigne où les pampres
Répandaient leur clarté sur la ville et là-haut
Astres mûrs becquetés par les ivres oiseaux
De ma gloire attendaient la vendange de l'aube

Un soir passant le long des quais déserts et sombres
En rentrant à Auteuil j'entendis une voix
Qui chantait gravement se taisant quelquefois
Pour que parvint aussi sur les bords de la Seine
La plainte d'autres voix limpides et lointaines

VENDÉMIAIRE

Homens de amanhã lembrem-se de mim
Eu vivia na época em que nasciam reis
Turno a turno morriam em silêncio e tristes
E três vezes valentes ficavam trismegistes

Que belo era Paris no final de setembro
A cada noite vinha onde o pâmpano tenro
Claridade esparzia na cidade e elevados
Astros maduros eram por aves bicados
De minha glória à espera da ceifa da aurora

Uma noite ao passar no cais triste e deserto
Ao voltar para Auteuil uma voz eu escuto
Cantando gravemente ou calada um minuto
Para chegar também do Sena na beirada
A queixa de outras vozes límpida e afastada

Et j'écoutai longtemps tous ces chants et ces cris
Qu'éveillait dans la nuit la chanson de Paris

J'ai soif villes de France et d'Europe et du monde
Venez toutes couler dans ma gorge profonde

Je vis alors que déjà ivre dans la vigne Paris
Vendangeait le raisin le plus doux de la terre
Ces grains miraculeux qui aux treilles chantèrent

Et Rennes répondit avec Quimper et Vannes
Nous voici ô Paris Nos maisons nos habitants

Ces grappes de nos sens qu'enfanta le soleil
Se sacrifient pour te désaltérer trop avide merveille
Nous t'apportons tous les cerveaux les cimetières
les murailles
Ces berceaux pleins de cris que tu n'entendras pas
Et d'amont en aval nos pensées ô rivières
Les oreilles des écoles et nos mains rapprochées
Aux doigts allongés nos mains les clochers
Et nous t'apportons aussi cette souple raison
Que le mystère clôt comme une porte la maison
Ce mystère courtois de la galanterie
Ce mystère fatal fatal d'une autre vie

E escutei muito tempo esses cantos gentis
Que acordava na noite a canção de Paris

Tenho sede cidades da França Europa e mundo
Vinde todas correr no esôfago profundo

Vi então que ébrio já na vinha de Paris
Vindimava a mais doce uva daquela terra
Esse grão milagroso a cantar na parreira

E Rennes respondeu com Quimper e com Vannes
Eis-nos aqui Paris As casas e habitantes

As pencas dos sentidos que do sol são filhas
Sacrificam-se para saciar-te ávida maravilha
Levamos-te todos os cérebros os cemitérios as muralhas
Berços cheios de gritos que nunca ouvirás
E montante a jusante as ideias só rios
As orelhas das escolas e nossas mãos postas
Com dedos alongados nossas mãos campanários
E também te levamos essa móbil razão
Que o mistério fecha como à casa o portão
Esse cortês mistério da galanteria
O mistério fatal fatal de uma outra vida

Double raison qui est au delà de la beauté
Et que la Grèce n'a pas connue ni l'Orient
Double raison de la Bretagne où lame à lame
L'océan châtre peu à peu l'ancien continent

Et les villes du Nord répondirent gaîment

O Paris nous voici boissons vivantes

Les viriles cités où dégoisent et chantent
Les métalliques saints de nos saintes usines
Nos cheminées à ciel ouvert engrossent les nuées
Comme fit autrefois l'Ixion mécanique
Et nos mains innombrables
Usines manufactures fabriques mains
Où les ouvriers nus semblables à nos doigts
Fabriquent du réel à tant par heure
Nous te donnons tous cela

Et Lyon répondit tandis que les anges de Fourvières
Tissaient un ciel nouveau avec la soie des prières

Désaltère toi Paris avec les divines paroles
Que mes lèvres le Rhône et la Saône murmurent
Toujours le même culte de sa mort renaissant

Dupla razão que fica pra lá da beleza
E que a Grécia ignorou assim como o Oriente
Dupla razão da Bretanha em que lâmina a lâmina
O oceano castra aos poucos o antigo continente

E as cidades do Norte disseram alegremente

Ó Paris cá estamos bebidas viventes

As cidades viris onde palram e cantam
Os metálicos santos das santas usinas
As nossas chaminés a céu aberto emprenham as nuvens
Como já fez outrora o Íxion mecânico
E as nossas mãos inumeráveis
Usinas manufaturas fábricas mãos
Onde os obreiros nus tais como os nossos dedos
Fabricam o real a tanto por hora
Damos-te tudo isso

E Lião respondeu enquanto os anjos de Fourvières
Teciam novo céu com a seda das preces

Desaltera-te Paris com as divinas palavras
Que meus lábios o Ródano e o Saona murmuram
O mesmo culto sempre a renascer da morte

Divise ici les saints et fait pleuvoir le sang
Heureuse pluie ô gouttes tièdes ô douleur
Un enfant regarde les fenêtres s'ouvrir
Et des grappes de têtes à d'ivres oiseaux s'offrir

Les villes du Midi répondirent alors

Noble Paris seule raison qui vis encore
Qui fixes notre humeur selon ta destinée
Et toi qui te retires Méditerranée
Partagez-vous nos corps comme on rompt des hosties
Ces très hautes amours et leur danse orpheline
Deviendront ô Paris le vin pur que tu aimes

Et un râle infini qui venait de Sicile
Signifiait en battement d'ailes ces paroles

Les raisins de nos vignes on les a vendangés
Et ces grappes de morts dont les grains allongés
Ont la saveur du sang de la terre et du sel
Les voici pour ta soif ô Paris sous le ciel
Obscurci de nuées faméliques
Que caresse Ixion le créateur oblique
Et où naissent sur la mer tous les corbeaux d'Afrique

Divide aqui os santos e faz chover o sangue
Chuva feliz ó gotas tépidas ó dor
Uma criança espia as janelas se abrir
E cachos de cabeças a ébrias aves se expor

As cidades do Sul responderam então

Nobre Paris vives ainda só razão
Que fixas nosso humor segundo o fado
E tu Mediterrâneo que estás retirado
Dividi nosso corpo quais se rompem hóstias
Esses altos amores e sua dança órfã
Se tornarão Paris o vinho de que gostas

E estertor infinito vindo de Sicília
Significava em ruflar de asas as palavras

As uvas dos vinhedos já as recolhemos
E esses cachos de longos grãos mortos que vemos
Que têm gosto do sangue e da terra e do sal
Ei-los para a tua sede ó Paris sob o céu
Turvado pelas nuvens famintas ao léu
Que Íxion acalenta oblíquo soberano
E onde nasce no mar cada corvo africano

O raisins Et ces yeux ternes et en famille
L'avenir et la vie dans ces treilles s'ennuyent

Mais où est le regard lumineux des sirènes
Il trompa les marins qu'aimaient ces oiseaux-là
Il ne tournera plus sur l'écueil de Scylla
Où chantaient les trois voix suaves et sereines

Le détroit tout à coup avait changé de face
Visages de la chair de l'onde de tout
Ce que l'on peut imaginer
Vous n'êtes que des masques sur des faces masquées

Il souriait jeune nageur entre les rives
Et les noyés flottant sur son onde nouvelle
Fuyaient en le suivant les chanteuses plaintives

Elles dirent adieu au gouffre et à l'écueil
A leurs pâles époux couchés sur les terrasses
Puis ayant pris leur vol vers le brûlant soleil
Les suivirent dans l'onde où s'enfoncent les astres

Lorsque la nuit revint couverte d'yeux ouverts
Errer au site où l'hydre a sifflé cet hiver

Ó uvas E esses olhos mornos e em família
O porvir e a vida em parras se amofinam

Mas onde está o olhar brilhante das sereias
Enganou os marujos que amavam tais aves
Não voltará de Sila aos escolhos tão graves
Onde cantavam três vozes suaves serenas

O estreito de repente mudara de face
Rostos da carne da água tudo aquilo
O que pode ser imaginado
Vós sois apenas máscaras em rostos mascarados

Ele sorria jovem a nadar entre as rochas
E os mortos flutuando entre a sua onda nova
Fugiam a seguir das cantoras chorosas

Elas deram adeus ao abismo e ao escolho
Aos pálidos esposos deitados nos terraços
Depois alçando voo rumo ao ardente sol
Os seguiram ao mar onde imergem os astros

Quando a noite voltou cheia de olhos abertos
A entrar no sítio onde a hidra apupou o inverno

Et j'entendis soudain ta voix impérieuse
O Rome
Maudire d'un seul coup mes anciennes pensées
Et le ciel où l'amour guide les destinées

Les feuillards repoussés sur l'arbre de la croix
Et même la fleur de lys qui meurt au Vatican
Macèrent dans le vin que je t'offre et qui a
La saveur du sang pur de celui qui connaît
Une autre liberté végétale dont tu
Ne sais pas que c'est elle la suprême vertu

Une couronne de trirègne est tombée sur les dalles
Les hiérarques la foulent sous leurs sandales
O splendeur démocratique qui pâlit
Vienne la nuit royale où l'on tuera les bêtes
La louve avec l'agneau l'aigle avec la colombe
Une foule de rois ennemis et cruels
Ayant soif comme toi dans la vigne éternelle
Sortiront de la terre et viendront dans les airs
Pour boire de mon vin par deux fois millénaire

La Moselle et le Rhin se joignent en silence
C'est l'Europe qui prie nuit et jour à Coblence
Et moi qui m'attardais sur le quai à Auteuil

E de repente ouvi tua voz imperiosa
Ó Roma
Maldizer num só gesto o meu pensar passado
E o céu aonde o amor conduz o nosso fado

Os galhos que brotaram na árvore da cruz
E mesmo a flor de lis morta no Vaticano
Maceram nesse vinho que te oferto e tem
Sabor do sangue puro do homem que conhece
Essa outra liberdade vegetal que tu
Não sabes que ela é a suprema virtude

Uma coroa de trirreino caiu sobre as lajes
Os hierarcas a pisam com suas sandálias
Ó esplendor democrático que empalidece
Venha a noite real em que matarão bichos
A loba e o cordeiro a águia e a pombinha
Uma turba de reis imigos e cruéis
Com sede como tu no eterno vinhedo
Da terra sairão e irão pelo ar
Pra beber do meu vinho que é bimilenar

A Moselle e o Reno juntam-se silentes
É a Europa a rezar noite e dia em Coblence
E eu que me retardava no cais em Auteil

Quand les heures tombaient parfois comme les feuilles
Du cep lorsqu'il est temps j'entendis la prière
Qui joignait la limpidité de ces rivières

O Paris le vin de ton pays est meilleur que celui
Qui pousse sur nos bords mais aux pampres du nord

Tous les grains ont mûri pour cette soif terrible
Mes grappes d'hommes forts saignent dans le pressoir
Tu boiras à longs traits tout le sang de l'Europe
Parce que tu es beau et que seul tu es noble
Parce que c'est dans toi que Dieu peut devenir
Et tous mes vignerons dans ces belles maisons
Qui reflètent le soir leurs feux dans nos deux eaux
Dans ces belles maisons nettement blanches et noires
Sans savoir que tu es la réalité chantent ta gloire
Mais nous liquides mains jointes pour la prière
Nous menons vers le sel les eaux aventurières
Et la ville entre nous comme entre des ciseaux
Ne reflète en dormant nul feu dans ses deux eaux
Dont quelque sifflement lointain parfois s'élance
Troublant dans leur sommeil les filles de Coblence

Les villes répondaient maintenant par centaines
Je ne distinguais plus leurs paroles lointaines

Quando as horas caíam quais folhas às vezes
Do cepo quando é tempo ouvi as orações
Que se uniam à limpidez dos ribeirões

Ó Paris o vinho do teu rincão é melhor que aquele
Que cresce em nossas bordas mas nas parras do norte

Estão os grãos maduros pra sede terrível
Meus cachos de homens fortes sangram no lagar
Sorverás longos haustos de sangue da Europa
Porque és belo e tu tens toda essa nobreza
Porque és somente tu que Deus pode tornar-se
E os meus vinhateiros nessas belas casas
Que refletem à noite seus fogos nas águas
Nessas casas bem brancas e negras notórias
Sem saber que tu és o real cantam-te a glória
Mas nós líquidas mãos postas para a oração
Levamos para o sal as águas da emoção
E a cidade entre nós como entre tesouras
Não reflete ao dormir fogo algum em suas águas
De onde um assovio longe às vezes se lança
A perturbar o sono às moças de Coblence

As cidades aos centos ora respondiam
Suas longes palavras já eu não distinguia

Et Trèves la ville ancienne
A leur voix mêlait la sienne

L'univers tout entier concentré dans ce vin
Qui contentait les mers les animaux les plantes
Les cités les destins et les astres qui chantent
Les hommes à genoux sur la rive du ciel
Et le docile fer notre bon compagnon
Le feu qu'il faut aimer comme on s'aime soi-même
Tous les fiers trépassés qui sont un sous mon front
L'éclair qui luit ainsi qu'une pensée naissante
Tous les noms six par six les nombres un à un
Des kilos de papier tordus comme des flammes
Et ceux-là qui sauront blanchir nos ossements
Les bons vers immortels qui s'ennuient patiemment
Des armées rangées en bataille
Des forêts de crucifix et mes demeures lacustres
Au bord des yeux de celle que j'aime tant
Les fleurs qui s'écrient hors de bouches
Et tout ce que je ne sais pas dire
Tout ce que je ne connaîtrai jamais
Tout cela tout cela changé en ce vin pur

Dont Paris avait soif
Me fut alors présenté

E Treves cidade antiga
À sua voz a dela unia

Todo o universo concentrado nesse vinho
Que contentava o mar os animais as plantas
Cidades e destinos e os astros que cantam
Os homens de joelhos na beira do céu
E o dócil ferro nosso sempre companheiro
O fogo que é preciso amar tal como a gente
Os nobres falecidos que são um à minha fronte
O raio que reluz qual ideia nascente
Os nomes seis a seis números um a um
Uns quilos de papel torcidos como chamas
E os que hão de saber clarear-nos os ossos
Os vermes imortais com paciência enfadados
Exércitos em ordem de batalha
Matas de crucifixos e meus lares lacustres
À beira-olhos daquela que amo tanto
As flores a bradar fora de bocas
E tudo aquilo que não sei dizer
Tudo aquilo que nunca vou saber
Tudo isso transformado neste vinho puro

De que Paris tinha sede
Foi-me então apresentado

Actions belles journées sommeils terribles
Végétation Accouplements musiques éternelles
Mouvements Adorations douleur divine
Mondes qui vous ressemblez et qui nous ressemblez
Je vous ai bu et ne fus pas désaltéré

Mais je connus dès lors quelle saveur a l'univers

Je suis ivre d'avoir bu tout l'univers
Sur le quai d'où je voyais l'onde couler et dormir les
bélandres

Ecoutez-moi je suis le gosier de Paris
Et je boirai encore s'il me plaît l'univers

Ecoutez mes chants d'universelle ivrognerie

Et la nuit de septembre s'achevait lentement
Les feux rouges des ponts s'éteignaient dans la Seine
Les étoiles mouraient le jour naissait à peine

Belos dias ações sonos terríveis
Vegetação Coitos músicas eternas
Impulsos Adorações dor divina
Mundos que vos assemelhais e nos assemelhais
Eu vos bebi e não me desalterei

Mas soube desde então o gosto do universo

Estou ébrio de ter bebido todo o universo
No cais de onde eu via correr a água e dormir as balan-
dras

Escutai-me sou eu a goela de Paris
E beberei ainda se quiser o universo

Escutai os meus cantos de universal bebedeira

E a noite de setembro a acabar lentamente
Os faróis rubros das pontes se apagavam no Sena
As estrelas morriam o dia nascia apenas

Adverte-se aos curiosos
que se imprimiu esta obra
em nossas oficinas
em 21 de fevereiro de 2013,
ano do centenário da edição francesa,
sobre papel Off-set 90 g/m^2,
composta em tipologia Walbaum MT,
em GNU/Linux (Gentoo, Sabayon e Ubuntu),
com os softwares livres LaTeX,
DeTeX, VIM, Evince,
Pdftk, Aspell,
SVN e
TRAC.